BIBLIOTHÈQUE
DE PHILOSOPHIE CONTEMPORAINE

ESSAI

SUR LES ÉLÉMENTS ET L'ÉVOLUTION

DE

LA MORALITÉ

PAR

MARCEL MAUXION

Ancien élève de l'École normale supérieure.
Professeur de philosophie
à la Faculté des lettres de l'Université de Poitiers.

PARIS
FÉLIX ALCAN, ÉDITEUR
ANCIENNE LIBRAIRIE GERMER BAILLIÈRE ET Cie
108, BOULEVARD SAINT-GERMAIN, 108
—
1904

ESSAI

SUR

LES ÉLÉMENTS ET L'ÉVOLUTION

DE LA MORALITÉ

DU MÊME AUTEUR

A LA MÊME LIBRAIRIE

La métaphysique de Herbart et la critique de Kant. 1 vol.
in-8°. . . . . 7 fr. 50

L'éducation par l'instruction *et les théories pédagogiques
de Herbart*. 1 vol. in-16 de la *Bibliothèque de Philosophie
contemporaine* . . . . 2 fr. 50

ESSAI

SUR

LES ÉLÉMENTS ET L'ÉVOLUTION

DE

LA MORALITÉ

PAR

MARCEL MAUXION

Ancien élève de l'École Normale Supérieure.
Professeur de philosophie
à la Faculté des Lettres de l'Université de Poitiers.

PARIS

FÉLIX ALCAN, ÉDITEUR

ANCIENNE LIBRAIRIE GERMER BAILLIÈRE ET Cie

108, BOULEVARD SAINT-GERMAIN, 108

1904

PRÉFACE

En reprenant ici, sous une forme plus développée et plus documentée, des théories déjà présentées aux lecteurs de la *Revue philosophique*, je ne me dissimule aucunement les difficultés et les inconvénients de la position toute particulière que j'ai été amené à prendre dans les questions qui nous divisent. Les uns, sans doute, s'inquiéteront et se scandaliseront de propositions qu'ils jugeront impies, alors que les autres s'indigneront de me voir suspecter la valeur de principes sur lesquels, depuis plus d'un siècle, on s'est habitué à vivre. Aux uns et aux autres, je ne puis qu'opposer en toute franchise ce que Montaigne répondait aux papistes et aux huguenots de son temps : « Ceci est un livre de bonne foi. » Demeuré, par bonheur, étranger aux passions poli-

tiques et religieuses ; dégagé, autant que possible
des préjugés d'école,

Nullius addictus jurare in verba magistri.

c'est à l'examen impartial des faits que j'ai demandé
la réponse aux questions que notre temps se pose.

Poitiers, mars 1901.

ESSAI SUR LES ÉLÉMENTS ET L'ÉVOLUTION
DE LA MORALITÉ

INTRODUCTION

I

LE PROBLÈME MORAL

Il faut avouer que le métier d'honnête homme qui n'à
jamais été des plus faciles est devenu de notre temps singulièrement malaisé. Pour faire son devoir il est nécessaire de le connaître, et comment le reconnaître dans cette
extraordinaire confusion des idées morales qui caractérise
notre époque? On parle plus que jamais, il est vrai, de
bien et de vertu, de justice et de droits ; mais ces mots
vénérables, contradictoirement exploités par les partis
qui se les jettent pêle-mêle à la face, semblent avoir perdu
dans la lutte ardente, acharnée, exaspérée par les passions
politiques et religieuses, toute valeur et toute signification
précise. L'ascétisme est-il le terme suprême de la vertu
ou une folie criminelle? Le patriotisme, chanté par les
poètes, exalté par les orateurs, est-il un devoir sacré ou
un crime de lèse-humanité ? La famille, ce sanctuaire

autrefois vénéré, est-elle en effet l'école par excellence de
toutes les vertus sociales et privées ou la source d'un
monstrueux égoïsme à plusieurs plus dangereux et plus
criminel encore que l'égoïsme individuel ? La propriété
constitue-t-elle un droit inviolable ou ne doit-elle être
considérée que comme un vol fait à la communauté ? La
tolérance est-elle bien cette magnifique conquête dont on
faisait naguère honneur au xviiie siècle ? Voici qu'on la
dénonce volontiers comme une faute et comme un crime,
comme une faute parce qu'elle risque de compromettre
l'unité et par conséquent la stabilité de l'Etat, comme un
crime parce qu'elle apporte un obstacle au progrès, parce
qu'elle permet à l'erreur et à la superstition de s'éter-
niser sur la terre. On la condamne au nom de la foi
scientifique comme on la condamnait jadis au nom de
la foi religieuse ; et la liberté elle-même pour laquelle
nos pères ont enduré tant de souffrances et livré tant de
combats se trouve finalement menacée au nom de je ne
sais quel intérêt supérieur de l'humanité.

En face de ces problèmes qui se pressent et se multi-
plient, ajoutant à l'intérêt qui leur est propre celui qu'ils
empruntent à leur liaison étroite avec le problème social,
la conscience hésite et se trouble. Beaucoup n'écoutent en
prenant parti que leurs préjugés ou leurs passions ; d'autres s'abandonnent à un scepticisme commode. Quant aux
hommes soucieux de donner à leur conduite une direction
rationnelle, qui ne veulent ni obéir aveuglément aux préjugés, ni suivre passivement les impulsions de la passion, ni se réfugier paresseusement sur « le mol oreiller
du doute », ils sentent bien la nécessité de remonter aux
principes. Mais où trouver ces principes ? Dans le champ
de la spéculation, la confusion et l'anarchie sont plus
grandes encore que dans le domaine de la pratique : les

systèmes s'entre-choquent et leurs prétentions contradic-
toires sont le monstrueux arsenal auquel les partis empruntent confusément au gré des circonstances et des
nécessités de la polémique, les armes les plus disparates.
Rien n'est plus curieux que de voir par exemple les lois
de la *lutte pour l'existence* invoquées par les défenseurs
convaincus de la foi catholique, et les *droits de l'homme*,
exaltés par certains, qui, pour être conséquents avec
leurs principes, devraient nier toute espèce de droits ou
ne reconnaître d'autre droit que celui de la force.

Certes, dans le conflit qui met aux prises l'esprit métaphysique et religieux des anciens âges avec l'esprit positif
et scientifique des temps nouveaux, la victoire finale n'est
pas douteuse. La conception naïve d'une loi morale originellement gravée par la divinité dans le cœur de l'homme
ou révélée à sa conscience par je ne sais quelle intuition
supérieure et mystérieuse, cette conception qui eut sa
raison d'être aussi longtemps qu'il fut possible d'assigner
à l'humanité une place à part et privilégiée dans la nature,
ne peut plus guère se soutenir depuis que la science a su
reconstituer, au moins partiellement, la chaîne des êtres
et découvrir dans la mentalité animale le germe de la
mentalité humaine. La moralité apparaît de plus en plus
comme un fait naturel, dont il s'agit, non plus de rechercher les conditions *a priori*, comme le voulait Kant, mais
de découvrir les origines et de déterminer historiquement
la genèse, problème susceptible d'être résolu au moyen
des seules ressources de la méthode expérimentale. Et
cependant, en dépit des progrès accomplis, il ne semble
pas que la morale ait réussi à se constituer sous cette
forme rigoureusement scientifique que l'on est en droit
d'exiger d'elle, et qui seule permettrait de mettre défini-
tivement un terme à la lutte séculaire des systèmes. Dans

les tentatives les plus récentes qui ont été faites pour édifier rationnellement l'Éthique, les conceptions *a priori*, les hypothèses gratuites, les inductions illégitimes tiennent encore une place excessive, et les règles les plus élémentaires de la méthode positive sont trop fréquemment négligées. On reconnaît bien qu'il s'agit d'expliquer ce fait qu'est la moralité; mais, au lieu de le prendre dans son intégrité, tel qu'il est donné dans l'expérience, on le mutile, on le dénature pour l'accommoder aux exigences d'hypothèses téméraires. C'est là une faute capitale, dont n'ont point su se préserver les penseurs de l'école sociologique, non plus qu'Herbert Spencer lui-même. Un rapide examen de leurs doctrines justifiera, je l'espère, cette critique sommaire, et servira en même temps à montrer la voie dans laquelle il convient de s'avancer si l'on veut enfin donner à l'Éthique sa base expérimentale, et trouver aux problèmes de la pratique la solution qu'ils comportent.

II

LA MORALE D'HERBERT SPENCER

Herbert Spencer est en réalité le continuateur de Stuart Mill et des utilitaires, et par là il se rattache au passé; mais, chez lui, la morale n'apparaît plus comme une science indépendante ou subordonnée à la seule psychologie: l'explication du fait de la moralité arrive à sa place dans cette incomparable et merveilleuse synthèse qui embrasse la totalité des faits cosmiques, géologiques, biologiques, psychiques et sociaux. C'est comme fait social, c'est au sein des sociétés que la moralité prend naissance et se développe. Or, les sociétés sont soumises aux lois de l'universelle évolution, telles qu'elles découlent du principe suprême de la permanence de la force. Comme les mondes, comme les organismes, elles tendent incessamment à passer d'un état homogène, indéfini, éminemment instable, à un état de plus en plus hétérogène, de plus en plus défini, de plus en plus stable. Une société n'est d'abord qu'un agrégat confus, sans cohésion, d'individus qui se livrent à des occupations identiques, et dont aucun n'exerce de fonctions distinctes et déterminées. Une telle société est incapable de résister aux causes multiples de dissolution et de ruine qui la menacent: elle doit nécessairement ou disparaître ou se transformer. Une première différenciation s'introduit en même temps qu'un commencement d'organisation tend à s'établir: il y a désormais des chefs et des sujets. Puis la société se développe et s'accroît par l'adjonction ou l'absorption de sociétés voisines; des différenciations nouvelles apparaissent en même temps que des rapports de coordination et de subordination s'établissent plus étroits, plus nombreux, plus variés; il se constitue un gouvernement central, une hiérarchie de fonctionnaires qui transmettent au loin et font exécuter les ordres du pouvoir, une armée chargée de défendre la communauté contre les communautés voisines, une classe de laboureurs, de marchands, d'artisans de tous métiers qui président à la production et à la circulation des richesses nécessaires à la vie et à l'entretien de la société devenue un organisme complexe. Le progrès se continue ainsi dans le sens d'une hétérogénéité, d'une organisation, d'une cohésion croissantes. Quel sera le terme de cette évolution? Un état d'équilibre stable, un état d'organisation aussi parfaite que possible, dans lequel l'individu sera exactement adapté à la société.

comme la société elle-même à l'individu. Dans cet état
final, qui constituera ce qu'Herbert Spencer appelle le
règne de la moralité absolue, chacun obtiendra la pleine
réalisation de sa propre individualité, sans nuire aucunement à la parfaite réalisation de l'individualité chez les
autres. Comme chacun respectera naturellement la sphère
d'activité d'autrui, en vertu des seules tendances acquises
au cours de l'évolution, toute contrainte, extérieure ou
intérieure, disparaîtra; le gouvernement qui, dans la
phase transitoire que nous traversons, est encore nécessaire pour imposer un frein aux excès possibles de la
liberté individuelle ou les réprimer, mais dont le rôle
diminue de jour en jour, deviendra alors totalement inutile, et le sentiment même du devoir, de l'obligation intérieure, désormais sans emploi, s'évanouira en même
temps que lui. Sous ce règne de la moralité absolue, l'individu obtiendra d'ailleurs toute la félicité que comporte
la nature humaine, de telle sorte que l'évolution tend
d'elle-même à ce maximum de bonheur pour tous, que la
morale de Jérémie Bentham se proposait pour fin.

L'humanité s'achemine lentement, mais infailliblement,
vers le règne de la moralité absolue, par la moralité relative, dont le progrès consiste dans une subordination
croissante de l'égoïsme à l'altruisme. Mais l'altruisme
dérive lui-même de l'égoïsme qu'il tend à dominer; les
sentiments altruistes ont en effet leur source dans des
sentiments égoïstes sympathiquement excités en vertu des
lois psycho-physiologiques. C'est ainsi que la pitié, par
exemple, a son origine dans la douleur égoïste sympathiquement excitée par la souffrance d'autrui. Il n'en va pas
autrement du sentiment altruiste le plus complexe et le
plus parfait, le sentiment de la justice : il n'est autre chose,
d'après Spencer, que l'amour de la liberté personnelle

sympathiquement excité par tout ce qui tend à restreindre la liberté d'autrui, et qui nous porte ainsi à nous abstenir nous-mêmes de telles atteintes, en même temps qu'à les réprouver et aussi à les réprimer chez les autres. La domination au moins partielle de l'altruisme sur l'égoïsme est indispensable à la conservation et au développement de l'état social. Aussi, grâce à la sélection naturelle qui élimine progressivement les individus et les sociétés réfractaires à l'altruisme, les sentiments altruistes deviennent de plus en plus puissants, et, grâce à la multiplicité croissante des relations entre les peuples, de plus en plus compréhensifs, de telle sorte qu'ils tendent à embrasser finalement l'humanité tout entière.

Toutefois, en dépit de la force croissante qu'acquièrent avec le temps les sentiments altruistes, l'égoïsme ne doit jamais leur être entièrement sacrifié, puisque aussi bien l'évolution elle-même doit lui accorder dans l'état de moralité absolue, une pleine et entière satisfaction. Le parfait altruiste doit être en même temps un sage égoïste. En effet, *l'altruisme pur* des uns aurait pour conséquence fatale de provoquer et d'entretenir l'égoïsme des autres, et retarderait par là même l'avènement de l'universel altruisme, tel qu'il est requis pour le règne de la moralité absolue. De plus, l'altruisme pur conduit nécessairement, soit à une mort prématurée, soit au célibat, qui sont également des obstacles à la transmission héréditaire des penchants altruistes, soit encore à la procréation d'enfants faibles et dégénérés, incapables de faire revivre en eux-mêmes l'altruisme de leurs parents. Au nom d'un sage égoïsme, principe et condition de tout altruisme raisonnable, Herbert Spencer enveloppe donc dans une commune réprobation le dévouement du père de famille qui se consume dans un labeur au-dessus de ses forces, l'ardeur enthousiaste de l'artiste et du savant qui ruinent leur santé et compromettent leur existence dans des travaux excessifs, le sacrifice sans compensation et l'héroïsme sous toutes leurs formes.

La morale d'Herbert Spencer, indépendamment de l'intérêt tout spécial qu'elle emprunte à la magnifique synthèse dont elle fait partie, constitue incontestablement par elle-même un remarquable progrès sur les formes antérieures de l'utilitarisme qu'elle continue. Nombre de problèmes particuliers, tels les problèmes de l'obligation, du remords, de la transformation de l'égoïsme en altruisme y rencontrent, du fait de la transmission héréditaire des habitudes et des tendances acquises au cours de l'expérience spécifique, une solution tout au moins vraisemblable que la théorie de la table rase était incapable de fournir, même avec l'aide des ressources qu'elle peut tirer de la loi de l'association des idées. Mais satisfait-elle entièrement aux conditions rigoureuses de la science positive ? Rend-elle exactement compte de la totalité du fait qu'il s'agit d'expliquer ? Nous permet-elle de suivre avec précision dans ses phases successives l'évolution de l'idéal moral ? C'est ce dont il est permis de douter. Sans doute on ne saurait nier le fait même de l'évolution qui dans le domaine social et moral aussi bien que dans le domaine biologique semble aujourd'hui à l'abri de toute contestation; mais on peut se demander si les lois qu'Herbert Spencer lui assigne sont légitimement déduites du principe suprême de la conservation de la force et si ce principe lui-même a la valeur indiscutable d'un axiome. N'aura-t-il pas dans l'avenir le sort du principe cartésien de la conservation du mouvement ? Voici qu'il se trouve en effet menacé par la découverte récente des merveilleuses propriétés du *radium*. Sans doute les lois du passage de l'homogène à l'hétérogène, de l'indéfini au défini, de l'instabilité à la stabilité se trouvent d'autre part assez généralement confirmées par l'expérience et par l'observation des faits; néanmoins elles sont contestées et conservent en tout cas un caractère purement hypothétique; et il paraît singulièrement téméraire de prétendre dépasser à leur seule lumière les limites de toute expérience possible. Qui oserait voir dans ce règne de la moralité absolue qu'Herbert Spencer assigne pour terme à l'évolution des sociétés humaines autre chose qu'une séduisante utopie, assez comparable en somme aux conceptions de Leibniz sur le *règne de la grâce* et de Kant sur le *royaume des fins?*

Ce ne sont là que les réserves prudentes qui s'imposent nécessairement à tout esprit soucieux d'éviter la chimère; mais la critique est susceptible de prendre une forme plus arrêtée et un caractère plus décisif, dès lors qu'entrant dans le détail et passant à l'application de la méthode aux faits qu'il s'agit d'expliquer, on considère la façon particulière dont Herbert Spencer conçoit la moralité relative en voie d'évolution. Cette moralité relative est-elle bien la moralité vraie, telle qu'elle est donnée dans l'expérience, telle que l'humanité l'a toujours entendue? En ramenant le progrès moral tout entier au seul développement de l'altruisme, l'auteur des *Bases de la morale évolutionniste* obéit en réalité à un préjugé de l'école utilitaire qui, depuis que Jérémie Bentham avait substitué à la morale de l'intérêt individuel la morale de l'intérêt public, avait été amenée à placer dans l'explication de la transformation de l'égoïsme en altruisme le problème fondamental de l'éthique; tant il est vrai que la manière défectueuse de poser un problème peut avoir sur les doctrines ultérieures une influence aussi néfaste que durable! Herbert Spencer se

trouve ainsi fatalement conduit à négliger toute une
classe de faits importants et à méconnaître l'élément
esthétique de la moralité si fortement et si justement mis
en lumière par la philosophie grecque[1]. Sans doute en
distinguant à côté des sentiments égoïstes et des sentiments altruistes, une troisième classe de sentiments qu'il
appelle *égo-altruistes*, comme la crainte de l'opinion publique, le désir de l'approbation, l'amour de la gloire, etc.,
il se met en mesure d'expliquer, au moins jusqu'à un certain point, le sentiment de la dignité personnelle. Mais de
quel droit refuse-t-il à ce sentiment et aussi à la perfection individuelle à laquelle il est lié le caractère haute-
ment moral qu'on s'accorde d'ordinaire à lui attribuer et
que Stuart Mill lui-même est finalement obligé de lui
reconnaître? Est-ce, comme il semble le dire, parce que
l'idée de la perfection individuelle serait éminemment
variable et subordonnée à des circonstances purement
accidentelles? Mais en réalité, comme nous le verrons,
ces variations de l'idéal esthético-moral n'ont rien d'arbitraire; elles sont soumises à la loi d'un progrès remarquable et n'ont point été sans influence sur le développement même de l'altruisme. De quel droit encore condamne-
t-il, avec Bentham, au nom d'un égoïsme trop raisonnable,
l'héroïsme, le sacrifice sans compensation, c'est-à-dire ce
qui, plus que tout le reste, est capable d'exciter l'admiration des hommes? Il exprime la crainte que l'altruisme
pur, dans lequel il fait rentrer pêle-mêle et arbitrairement
toutes les formes de la grandeur d'âme et de l'héroïsme,
depuis le dévouement du père de famille et l'abnégation
des sœurs de charité jusqu'à l'enthousiasme de l'artiste et

1. Par élément esthétique de la moralité j'entends la beauté
morale, la perfection individuelle. Voir plus loin : *Analyse de
l'idée du Bien*, ch. i.

du savant, en conduisant au célibat ou à une mort prématurée, ou bien encore à la procréation d'enfants faibles et dégénérés, ne nuise à la propagation et à l'extension ultérieure des sentiments altruistes; et il ne voit pas que les héros, à défaut de progéniture, laissent du moins au monde la mémoire de leurs grandes actions, capables de susciter par l'admiration qu'elles provoquent des légions d'autres héros ; fasciné par la toute-puissance qu'il attribue à l'hérédité, il néglige complètement la contagion non moins efficace de l'exemple. Combien plus sage était Épaminondas répondant à ses amis qui se lamentaient de le voir mourir sans enfants capables de faire revivre ses vertus : « Je laisse deux filles immortelles, Leuctres et Mantinée ! » Il n'est pas jusqu'au dédain d'Herbert Spencer pour l'ascétisme qui ne semble exagéré et injuste, car il serait facile de montrer, l'histoire en main, combien cette forme spéciale du sacrifice sans compensation, en dépit de ses excès condamnables, a contribué au progrès de la moralité en général et de l'altruisme lui-même en particulier : c'est là ce qui apparaîtra clairement, je l'espère, dans la partie positive de cette étude [1].

En résumé, sans insister davantage et sans multiplier des critiques de détails, dont quelques-unes trouveront leur place ailleurs [2], la morale d'Herbert Spencer présente deux défauts particulièrement graves qui ne permettent point de lui attribuer une valeur rigoureusement scientifique : d'une part elle fait un emploi téméraire de la méthode *a priori*, en s'appuyant sur des principes d'ailleurs insuffisamment justifiés, ce qui est particulièrement dan-

---

1. Voir plus loin, ch. II et IV, passim.

2. On verra par exemple (ch. III, passim) combien est erronée et dangereuse la conception que Spencer se fait de la justice fondée exclusivement sur la sympathie.

gereux dans le cas de phénomènes aussi complexes et
aussi délicats que ceux de l'ordre moral ; d'autre part
elle mutile et dénature l'idée du Bien telle qu'elle est effectivement donnée dans l'expérience, elle la dépouille arbitrairement de ce qui fait surtout sa grandeur et sa beauté,
se mettant ainsi dans l'incapacité d'expliquer intégrale-
ment le fait dont il s'agit de rendre compte. Ces défauts
vont se retrouver sous une forme un peu différente dans
les tentatives récentes des penseurs de l'école sociologique pour constituer positivement l'Éthique.

III

LA MORALE DES SOCIOLOGUES

En réalité les sociologues de l'école positiviste ne sont
que les continuateurs d'Herbert Spencer, de même que
celui-ci est à certains égards le continuateur des Utilita-
ristes, de telle sorte que l'influence de Jérémie Bentham
pèse encore indirectement sur leur conception particulière de l'Éthique, à la base de laquelle se retrouve le principe de l'utilité sociale [1]. Sans doute en acceptant l'idée
maîtresse de l'évolution ils rejettent ou négligent les lois
qu'Herbert Spencer lui assigne et répudient formellement
l'emploi de la déduction et de la méthode *a priori*, préten-
dant s'en tenir, d'après les principes mêmes du Positivisme,
à l'exacte et scrupuleuse observation des faits ; mais toute
leur morale repose effectivement sur l'assimilation des

---

1. « Le Bien est ce qui, d'une façon ou d'une autre, est considéré
comme avantageux à la vie sociale, le mal ce qui lui est nuisible. »
Pioger (Dr Julien) : *La vie sociale, la morale et le progrès*, ch. v,
p. 157 (Paris, F. Alcan).

sociétés aux organismes, assimilation qu'ils empruntent au fondateur de l'évolutionnisme sans tenir compte de ses réserves expresses, en l'exagérant et en la poussant à ses extrêmes limites. L'observation nous montre clairement, disent-ils, dans certains vivants inférieurs, comme les vers et les tuniciers par exemple, des associations d'individus; le même fait se reproduit sous une forme moins apparente, en raison du progrès même de l'organisation, à tous les degrés de l'échelle des vivants. Les organismes ne sont donc que des sociétés et réciproquement les sociétés ne sont que des organismes très complexes. En tant que telles elles sont soumises dans leur développement comme dans leur structure à des lois identiques à celles qui régissent les organismes. De même que le progrès organique, très apparent dans le passage des vivants inférieurs aux vivants supérieurs, consiste dans une coordination croissante des éléments, c'est-à-dire des cellules, qui aboutit à la constitution d'une conscience individuelle, de même le progrès social consiste dans une solidarisation croissante des individus qui, d'abord aveugle et purement instinctive comme dans les sociétés animales (sociétés des abeilles et des fourmis par exemple) et dans les formes inférieures des sociétés humaines, finit par prendre d'elle-même une conscience de plus en plus claire. Il se constitue ainsi une sorte de *conscience sociale*, «dont la genèse est tout à fait semblable, dit le Dr Pioger, à celle de notre conscience sensorielle et psychique, et qui découle nécessairement de la mise en contact, de la multiplication et de la répétition croissantes des relations sociales par la formation d'un véritable sens social [1] ». La moralité n'est que le produit spontané de ce sens social, de telle

1. *Id., Ibid.*, ch. v, p. 147.

sorte qu'elle se ramène tout entière au seul sentiment de la solidarité[1], expression subjective des relations qui s'établissent objectivement entre les individus, et que le progrès moral n'est en quelque manière que la face interne du progrès de l'organisation sociale. La conséquence nécessaire c'est que la morale individuelle se trouve supprimée, ou du moins entièrement subordonnée à la morale sociale dans laquelle elle a son origine, son fondement et sa raison d'être. « Si nous considérons la morale au point de vue individuel, dit encore le Dʳ Pioger, nous ne pouvons la comprendre sans la baser sur les relations nécessaires de l'individu avec ses semblables; si nous pouvions considérer l'individu seul, en soi, sans relations avec ses semblables, sa conduite ne saurait avoir aucune signification morale [2]. »

Voilà la doctrine que l'on nous présente comme le dernier mot de la science positive, comme l'expression la plus exacte, la plus adéquate des faits. Je ne veux point insister pour le moment sur le danger qu'il pourrait y avoir pratiquement à ramener la morale tout entière à une vague notion de solidarité qui donne lieu facilement à des interprétations désastreuses et devient ainsi plus efficace pour le mal que pour le bien: comme nous le verrons, le principe de la solidarité pourrait bien ébranler la moralité individuelle au lieu de la fonder [3]. Mais pourquoi donc refuser à la conduite de l'homme isolé, sans relations avec ses semblables toute signification morale? Ne peut-

1. « Si nous essayons de soumettre à l'analyse l'idée dernière de la morale et de la moralité, nous trouvons qu'en réalité la morale se réduit à une question de solidarité, de réciprocité et de dépendance mutuelles. » (Pioger, *op. cit.*, ch. v, p. 131.)

2. *Id., ibid.*, ch, v, p. 131.

3. Voir (ch. v) la conclusion du présent ouvrage.

on donc concevoir cet homme courageux ou lâche, imprudent ou avisé, patient ou emporté, persévérant ou prompt
à se laisser aller au découragement ? Et pourrait-on refuser à son courage, à sa prudence, à sa patience, à sa persévérance une véritable valeur morale, à moins de faire
de l'utilité sociale l'unique mesure de la moralité, c'est-
à-dire à moins de supposer cela même qui est en question ?
Sans doute la conception d'un tel homme est purement
hypothétique ; mais en se plaçant dans les conditions
mêmes de la réalité est-ce donc un *fait* que la morale individuelle a son principe et son origine dans la morale sociale ? Et Platon n'était-il pas plus près de la vérité lorsqu'il faisait de la justice, c'est-à-dire de la vertu sociale,
l'harmonie et comme la résultante des vertus individuelles,
courage, sagesse et tempérance ? L'histoire nous montre
que le souci très pur et très efficace du perfectionnement
personnel peut être en fait totalement indépendant de
toute préoccupation d'ordre social. Elle nous révèle que
les progrès de la moralité individuelle ont souvent devancé
et préparé les progrès de la moralité sociale, comme le
prouve l'exemple du Bouddhisme s'acheminant par la
pratique des vertus ascétiques vers le principe de la pitié
et de la charité universelles, et aussi celui des stoïciens
qui d'abord uniquement préoccupés du soin de faire
œuvre d'art et de « ciseler leur statue » furent graduellement amenés à sortir de leur insensibilité égoïste et à
embrasser dans une bienveillance et ultérieurement dans
un amour de plus en plus compréhensifs l'humanité tout
entière.

D'autre part est-ce donc un *fait* susceptible de tomber
sous l'observation que l'existence de cette prétendue
conscience sociale dont le développement constituerait le
principe et l'explication du progrès moral ? Certes les

actions et réactions qui s'établissent au sein de la société et vont se multipliant et se diversifiant avec le progrès de l'organisation sociale déterminent nécessairement chez les individus certaines manières communes de sentir et de penser qui trouvent à chaque époque leur expression dans la législation, dans les institutions politiques comme dans l'art, dans la science et dans la philosophie. Mais rattacher ces communes manières de sentir et de penser à une conscience sociale « dont la genèse serait en tout semblable à celle de notre conscience sensorielle et psychique », c'est abuser de l'analogie, c'est imiter ces philosophes tant décriés qui réalisaient dans je ne sais quelle mystérieuse essence les caractères communs de l'humanité. Il n'y a de réel que l'individu et c'est dans les consciences individuelles que le progrès s'accomplit avec une rapidité d'ailleurs singulièrement variable, puisque les uns devancent leur temps alors que d'autres demeurent arrêtés à des stades inférieurs de l'évolution. La conception d'une conscience sociale, si elle n'est pas purement métaphorique, auquel cas elle ne saurait avoir aucune valeur, est à la fois inutile et dangereuse, inutile parce qu'elle n'explique rien dont le progrès des consciences individuelles, ne puisse rendre compte, dangereux parce qu'elle menace de restaurer sous une forme nouvelle ces entités chimériques dont le Positivisme affecte la prétention d'avoir débarrassé la science.

A vrai dire la conception d'une prétendue conscience sociale, comme aussi l'absorption de la morale individuelle dans la morale sociale et la réduction de la moralité tout entière à la seule solidarité, bien loin de reposer, comme on semble l'affirmer, sur l'observation directe des faits, ne sont que des conséquences de la théorie qui assimile les sociétés à des organismes. Or cette assimilation, radicalement fausse en dépit de la vogue dont elle semble jouir actuellement et de l'autorité des grands noms dont elle se réclame depuis Platon jusqu'à Spencer, ne peut se soutenir qu'autant que l'on néglige cette dignité, cette valeur esthétique de la personne qui constitue justement le fondement de la morale individuelle, de telle sorte que la doctrine prise dans son ensemble constitue un véritable cercle vicieux. Il existe en effet entre les sociétés et les organismes au moins deux différences essentielles dont la seconde est particulièrement importante au point de vue qui nous occupe. D'abord les individus, éléments de la société, n'ont point comme les cellules, éléments de l'organisme, une place fixe et déterminée dans le tout. Ensuite et surtout ils possèdent une valeur propre, une valeur esthético-morale, indépendante de la situation particulière qu'ils occupent et du rôle qu'ils jouent dans l'organisation sociale. L'assimilation des sociétés aux organismes, si on la prenait à la rigueur, si on voulait y voir autre chose qu'une simple comparaison, ingénieuse et commode à certains égards, conduirait logiquement non seulement à un régime de classes séparées correspondant aux différentes fonctions organiques, mais aussi au système des castes héréditaires, puisque dans un organisme les cellules de la substance cérébrale par exemple sont engendrées par les cellules cérébrales et non par les cellules du tissu osseux ou du tissu musculaire. Si nous voulons trouver des sociétés constituées assez exactement sur le modèle des organismes, ce n'est point à notre époque qu'il faut les chercher, mais dans un passé déjà lointain, à un stade inférieur de l'évolution, dans l'Inde, en Égypte, ou mieux encore au Pérou du temps de la conquête espagnole. Là le régime des castes héréditaires est rigoureusement constitué : en bas de l'échelle le peuple des labou-

reurs et des artisans ; au-dessus les guerriers ; plus haut
encore la caste sacerdotale ; puis les Incas, administrateurs et gouverneurs de provinces ; et tout au sommet de
la hiérarchie, l'Inca régnant, âme de ce grand Tout, qui
prévoit et pourvoit pour tous et dont la volonté souveraine donne au corps social l'impulsion et la direction.
L'individu joue ici dans la société un rôle assez exactement comparable à celui de la cellule dans l'organisme :
il n'a pas le droit de se déplacer ; il doit v... e et mourir à
l'endroit même où il est né ; il ne doit pas non plus chan-
ger de profession et l'enfant doit exercer le métier de son
père. Une telle organisation paraît être assurément la
copie aussi fidèle que possible d'un organisme individuel ;
elle peut être dans certaines conditions favorable à la
prospérité sociale, comme aussi au bien-être de l'individu
dont l'État, véritable providence, est chargé d'assurer la
subsistance ; et, l'hérédité aidant, on peut même concevoir qu'à la longue elle aurait pu, comme cela a lieu effectivement dans les sociétés des abeilles et des fourmis,
amener la formation de véritables instincts fonctionnels
analogues aux fonctions cellulaires et une adaptation des
parties au tout aussi parfaite que celle que nous obser-
vons chez les vivants supérieurs. Mais il est clair qu'elle
ne répond ni aux besoins du temps présent, ni à l'idéal
moral tel qu'il se trouve actuellement constitué : c'est que
ne considérant l'individu qu'au point de vue de son rôle
dans l'État, de sa fonction en tant que rouage social, elle
ne tient aucunement compte de sa valeur propre, de sa
valeur esthético-morale, qui ne trouve pas en effet son
analogue dans l'élément organique, dans la cellule : en
conséquence elle conduit fatalement à la suppression de
la liberté individuelle.

D'ailleurs la théorie qui prétend voir dans les sociétés

de véritables organismes, ne se distinguant des organismes individuels que par une plus grande complexité et
soumis dans leur développement à des lois identiques,
est en contradiction formelle avec les principes fonda-
mentaux du Positivisme dont elle se réclame. En effet, en
vertu de la hiérarchie des sciences telle qu'elle a été constituée par Auguste Comte, quoique les phénomènes sociaux soient réductibles en principe aux phénomènes biologiques, comme les phénomènes biologiques aux phénomènes chimiques, toutefois la sociologie a ses lois propres qui ne sont point celles de la biologie, de même que
la biologie a ses lois spéciales qui ne sont point celles de
la chimie, et il n'est pas permis d'assimiler une société à
un organisme, non plus qu'un organisme à un cristal.
C'est là un point qui a été fort nettement mis en lumière
par M. Edouard de Roberty dans les ouvrages si intéressants, mais aussi le plus souvent si obscurs et si touf-
fus qu'il a consacrés à l'Éthique[1]. Les sociétés ne sont
plus pour lui des organismes à proprement parler, mais
des *hyperorganismes*, dans lesquels on voit apparaître un
facteur absolument nouveau et *sui generis*, la *socialité* ou
psychisme social, qui caractérise les faits sociaux, comme
la *vitalité* caractérise les phénomènes biologiques, comme
la *chimicité* caractérise les phénomènes chimiques. Malheureusement en signalant avec tant de raison l'erreur
dans laquelle sont tombés certains sociologues, l'éminent
professeur de l'Université nouvelle de Bruxelles ne sait
point se garder d'une faute non moins grave, non moins
dangereuse, non moins contraire aux principes mêmes du
Positivisme dont il se réclame. Qu'est-ce en effet que ce
psychisme social auquel il fait incessamment appel et qui

1. Roberty (E. de). *L'Éthique: Le Bien et le Mal* (1896). *Le Psychisme
social* (1897), *Les fondements de l'Éthique* (1898). (Paris, F. Alcan.)

semble jouer dans sa doctrine le rôle prépondérant? S'il
ne voulait que désigner par cette expression un groupe
spécial de faits, les faits de l'ordre social, il serait incontestablement dans son droit. Mais en réalité ses prétentions sont tout autres: il semble bien voir dans le psychisme social, comme aussi d'ailleurs dans la vitalité et la
chimicité un véritable principe d'explication. N'est-ce pas
se faire une illusion dangereuse? N'est-ce pas tomber
dans une erreur analogue à celle de ces anciens psychologues qui s'imaginaient pouvoir expliquer les faits psychiques par des *facultés de l'âme*, les faits affectifs par la
sensibilité, les faits intellectuels par l'intelligence, les
volitions par la volonté? Incontestablement le psychisme
social, tout comme la vitalité ou la chimicité, n'est qu'une
obscure et vague entité incapable de fournir un principe
d'explication véritablement scientifique. Quoi qu'il en
soit, en dépit de l'erreur dans laquelle il semble être
tombé, M. de Roberty n'en a pas moins le très grand
mérite d'avoir mis en lumière, plus fortement que personne, l'extrême complexité et l'extraordinaire enchevêtrement des faits sociaux de tout ordre, en même temps
que la valeur propre et l'importance capitale de la moralité, que d'autres sociologues prétendent subordonner
entièrement à l'organisation sociale. Ce sont là en effet
des considérations dont il est indispensable de tenir
compte lorsque l'on entreprend de constituer scientifi-
quement l'Éthique.

IV

LES RÉSULTATS ACQUIS

En somme celte critique sommaire des principales doctrines morales contemporaines, dans leur ordre logique
qui est aussi l'ordre chronologique de leur apparition, n'a
point une valeur exclusivement négative. Elle comporte
aussi des enseignements positifs: en signalant les erreurs commises elle offre l'avantage de mettre clairement
en évidence les résultats désormais acquis dont la constatation est nécessaire à l'établissement de la morale
positive, telle que nous pouvons aujourd'hui la concevoir. Ces résultats peuvent être ramenés à trois points
principaux.

1° *La moralité est un fait naturel*, que l'expérience
commune suffit à expliquer, sans qu'il soit nécessaire de
recourir à des théories métaphysiques comme celles de la
Réminiscence, des *Idées innées*, de la *Vision en Dieu*, de
la *Raison intuitive*, qui toutes font appel à quelque mode
supérieur et mystérieux de connaissance, radicalement
distinct de cette connaissance qui a son origine dans les
sens. On conçoit que la réflexion philosophique trouvant
devant elle un idéal dès longtemps constitué, ait été d'a-
bord comme éblouie par le contraste éclatant que cet
idéal présente avec la réalité vécue et se soit longtemps
refusée à admettre que de l'une à l'autre le passage fût naturellement possible. Ce point de vue qui fut celui de Platon
est encore celui de Kant : « on n'aurait jamais dû, dit l'auteur de la Critique, chercher à connaître ce qui doit être
par ce qui est». De là le recours à quelque mode de connais-

sance supra-sensible. Mais ces explications naïves d'une philosophie trop exclusivement attachée à la considération d'un point particulier de l'espace et de la durée, s'évanouissent nécessairement aussitôt qu'apparaît à une science mieux informée la variété infinie des conceptions morales suivant les temps et suivant les lieux. A mesure que l'histoire pénètre davantage dans le passé, à mesure que les voyages et les explorations lointaines étendent notre connaissance de l'humanité actuellement existante, il se confirme de plus en plus que Pascal n'a rien exagéré lorsqu'il s'écriait : « le larcin, l'inceste, le meurtre des enfants et des parents, tout a eu sa place entre les actions vertueuses » ; et là où l'on voyait autrefois quelque chose d'immuable, de nécessaire, d'absolu, on n'aperçoit plus aujourd'hui que cette variabilité, cette contingence, cette relativité communes à tout ce qui est d'origine humaine. Toutefois les tentatives multiples qui ont été faites à diverses époques, depuis les Sophistes jusqu'à Stuart Mill, pour expliquer la formation de l'idéal moral au moyen de principes naturels tels que le plaisir, l'intérêt ou la sympathie, ont été fatalement condamnées à l'avortement jusqu'au jour où, le progrès des sciences naturelles aidant, on est arrivé à cette conception très nette que :

2° *La moralité est un fait d'évolution.* — Elle évolue comme l'esprit humain qui ne demeure point partout et toujours identique à lui-même, ainsi que l'affirme le dogmatisme métaphysique, qui n'est point non plus une table rase au sens où l'entendait autrefois l'empirisme, mais qui s'est élevé progressivement de la mentalité animale dans laquelle il a son origine jusqu'à cette mentalité supérieure qui caractérise actuellement les races humaines les plus avancées. Ainsi s'explique commodément cette variété des conceptions morales qui ne pouvait jadis que fournir au scepticisme une arme redoutable dans sa lutte contre le dogmatisme et qui est devenue aujourd'hui un facteur important de la recherche scientifique. Du chaos apparent des mœurs et des coutumes se dégage un ordre réel, l'ordre d'un progrès infiniment lent mais parfaitement réel de la moralité. Ce progrès a pu être mis en doute, de même que le progrès esthétique, par des observateurs superficiels ou prévenus : comme il y a des hommes pour proclamer la beauté incomparable de l'art antique et prêcher le retour à la simplicité primitive, il s'en est trouvé de tout temps pour s'écrier : *ô tempora ! ô mores !* et déplorer la décadence morale. Et cependant le progrès moral n'est pas moins certain que le progrès scientifique, industriel ou économique, à la condition de le bien entendre. En effet ce qu'il y a d'essentiel dans la moralité au point de vue qui nous occupe, c'est la conception même de l'idéal indépendamment de la manière dont cet idéal peut être plus ou moins complètement, plus ou moins communément réalisé dans la pratique. Mais, comme on peut le voir dès maintenant, et comme il apparaîtra très clairement par la suite, deux facteurs entrent dans la constitution de l'idéal moral, un facteur d'ordre intellectuel et un facteur d'ordre sensible, de telle sorte que le progrès moral, s'il existe, doit être simultanément fonction d'un double progrès dans l'ordre de la sensibilité et dans l'ordre de l'intelligence. Or le progrès intellectuel n'est pas douteux et sa direction n'a rien d'équivoque : il consiste manifestement dans une adaptation de plus en plus exacte de l'intelligence à la réalité, de telle sorte qu'il aurait son terme naturel dans une conformité absolue, dans une adéquation parfaite de l'esprit et des choses : *adæquatio rei et mentis*, comme dit Spinoza Le microcosme se règle progressivement sur le macrocosme qui l'informe. Ce progrès a pu subir des arrêts momentanés, des régressions même ; mais à travers ces arrêts et ces régressions il se poursuit dans un sens rigoureusement déterminé et qu'on ne peut concevoir autre qu'il n'est. Il n'en va pas autrement au fond du progrès de la sensibilité : toutefois la chose est sans doute moins apparente et quelques explications sont ici nécessaires.

D'après des théories dont il faut faire remonter l'idée première à Descartes [1], mais qui ont été récemment présentées avec un très grand éclat, sous des formes quelque peu différentes, par Mrs William James, Lange et Ribot, cet ensemble de mouvements corporels et de phénomènes physiologiques dans lesquels on voit généralement des effets et des manifestations des sentiments en seraient à parler exactement les conditions et les causes. Ce n'est pas parce qu'un homme est en colère qu'il sent son cœur tumultueusement agité, qu'il rougit, crie et gesticule ; mais c'est au contraire parce que son cœur est agité, parce qu'il rougit, crie et gesticule, qu'il éprouve le sentiment de la colère. Supprimez l'agitation du sang, la rougeur du visage, les gestes désordonnés et les éclats de voix : il n'y aura plus de colère. Ces théories semblent à la vérité plausibles, mais à la condition d'établir une distinction nécessaire que Descartes tout au moins ne semble pas avoir omise. Parmi les phénomènes d'ordre corporel et physiologique qui accompagnent les émotions il en est de vraiment essentiels qui peuvent être considérés en quelque sorte comme la face objective du sentiment ; mais il en est aussi d'accessoires, de secondaires, dans lesquels on peut voir légitimement de simples manifesta-

_ 1. Voir le *Traité des passions de l'âme*, si remarquable, que le psycho-physiologiste peut aujourd'hui encore consulter avec autant d'intérêt que de profit.

tions, de simples expressions. Dans la colère par exemple le fait essentiel c'est l'agitation du sang, le rythme violent et heurté de l'activité; les gestes désordonnés et les formidables éclats de voix, au contraire, sans être un facteur absolument négligeable, ne jouent cependant qu'un rôle relativement peu important dans la production du sentiment. Ce qui le prouve c'est que l'acteur peut simuler avec une rigoureuse exactitude les emportements d'une fureur qu'il n'éprouve à aucun degré, alors que d'autre part l'homme dissimulé et maître de lui peut réprimer presque complètement les manifestations extérieures d'une colère qu'il sent bouillonner dans son sein[1]. Ce qui est vrai de la colère l'est aussi des autres émotions : ce qui constitue essentiellement un sentiment considéré sous sa face objective et physiologique, c'est toujours un rythme particulier et déterminé de l'activité, plus facile et plus rapide dans la joie, plus lent et plus difficile dans la tristesse, plus irrégulier et plus heurté dans les différentes formes de la douleur morale, qu'il ne faut pas confondre avec la tristesse. Les sentiments peuvent avoir dès lors des causes très diverses. Parfois ils proviennent de la constitution congénitale du sujet ou d'un état pathologique : suivant qu'il est sanguin, lymphatique ou nerveux, suivant qu'il est en bonne santé ou affligé de quelque maladie, comme la dyspepsie par exemple, l'individu est habituellement gai, triste ou facilement irritable. D'autres fois les sentiments ont leur principe dans le jeu

1. On ne saurait nier toutefois que la simulation des mouvements extérieurs de la passion ne réussisse souvent à la faire naître réellement, que la répression énergique de ces mouvements ne tende au contraire à l'atténuer dans une certaine mesure : ces faits s'expliqueraient vraisemblablement par l'association et ce que nous avons dit du rôle secondaire de ce que l'on peut légitimement appeler les manifestations du sentiment n'en subsiste pas moins.

interne des représentations qui, suivant qu'elles sont en
harmonie ou en opposition, déterminent un rythme tantôt
plus rapide, tantôt plus lent, tantôt plus régulier, tantôt
plus heurté, tantôt plus doux, tantôt plus violent de l'activité générale : c'est là le cas trop exclusivement considéré
par les théories purement intellectualistes de la sensibilité, comme par exemple celle de Herbart. D'autres fois
enfin les sentiments résultent directement des sensations
et des actions qui s'exercent de l'extérieur : un clair soleil
de printemps qui fait circuler dans les veines un sang
plus actif et plus chaud prédispose à la joie; un ciel
d'hiver, sombre et froid, qui engourdit l'organisme et
paralyse l'activité cérébrale, incite à la tristesse et à la
mélancolie. Chaque sensation particulière, chaque couleur,
chaque timbre a ce que les psychologues allemands appel-
lent son *ton de sentiment* (Gefuehlston). Dans l'ordre des
couleurs, le blanc excite la joie et le noir la tristesse ; le
rouge produit un sentiment de sombre excitation, le jaune
un enthousiasme plus pur, le vert un sentiment de calme
et d'apaisement[1], le bleu la mélancolie et le violet une
sorte d'inquiétude mêlée d'agacement[2]. Dans l'ordre des
timbres, le trombone correspond à peu près au rouge, la

[1]. Les ondes vertes, n'ayant ni l'amplitude et par conséquent
l'intensité des ondes rouges, ni l'excessive rapidité des ondes
violettes, produisent une excitation modérée : aussi les applique-
t-on à la guérison de la neurasthénie, comme les sons de la flûte,
dont le timbre est d'une pureté absolue, à la cure de certaines
affections nerveuses.

[2]. Il ne faut pas confondre avec ce ton de sentiment des couleurs
la signification symbolique qu'on leur attribue d'ordinaire et qui
a son principe dans des associations d'idées communes : c'est ainsi
que le blanc *immaculé* est le symbole de la pureté ; le rouge, couleur du sang, le symbole de la cruauté ; le jaune, couleur de l'or,
le symbole de la richesse ; le bleu, couleur du ciel, le symbole de
l'idéal.

trompette au jaune, la flûte au vert, la mandoline ou le chant du grillon au violet. Ce ton de sentiment propre à chaque sensation s'explique aisément si l'on considère que les ondes lumineuses ou sonores, après avoir déterminé dans le cerveau les mouvements auxquels correspondent les représentations, se continuent et se propagent dans le système nerveux tout entier en modifiant en quelque façon la tonalité de l'organisme[1]. D'une manière générale, les rythmes infiniment variés de l'univers, en agissant sur l'être humain, ne se traduisent pas seulement par des images dont les vibrations des cellules cérébrales constituent la face objective, mais aussi par des sentiments qui ne sont autre chose que l'expression subjective de ces rythmes se propageant à travers le système nerveux. Par là s'expliquent (indépendamment du rôle que jouent souvent ici les associations d'idées habituelles) les émotions diverses que les objets inanimés eux-mêmes provoquent spontanément en nous et qui nous poussent à leur attribuer des sentiments correspondants :

> Objets inanimés, avez-vous donc une âme
> Qui s'adresse à notre âme et nous force d'aimer ?

Par là s'explique aussi l'incomparable puissance esthétique de la musique, qui, grâce à la richesse infinie de ses combinaisons de rythmes et de timbres, n'a que faire, quoi que l'on puisse dire, du concours de l'intelligence pour produire ses effets les plus merveilleux[2]. L'harmo-

1. On sait par exemple, par des expériences précises, que les odeurs, bonnes ou mauvaises, augmentent ou diminuent d'une manière très notable le *ton vital*.

2. La musique se sent beaucoup plutôt qu'elle ne se comprend ; et c'est justement pourquoi elle est le premier de tous les arts, car un art est d'autant plus *art* qu'il est moins intellectuel. L'art qui sent s'oppose à la science qui comprend : l'artiste et le savant

nie des choses est ainsi immédiatement *sensible au cœur
comme à la raison;* et cela d'autant mieux que l'organisme en se perfectionnant, le système nerveux en se déve-
loppant et en s'affinant davantage deviennent capables
de reproduire plus fidèlement la multiplicité des rythmes
de l'univers, de vibrer et de *sympathiser* plus complètement avec les choses. Aussi les modernes ont-ils à un
degré beaucoup plus élevé que les anciens l'amour et le
sentiment de la nature, en même temps qu'ils sont capables d'arriver à une connaissance plus exacte de ses lois.

Comme le progrès de l'intelligence, le progrès de la sensibilité a donc une direction nettement déterminée et que
l'on ne saurait concevoir différente de ce qu'elle est:
comme le progrès de l'intelligence il a pour terme idéal
l'harmonie parfaite de l'âme et des choses. On peut même
dire que ces deux formes du progrès marchent généralement de pair, car le développement du système nerveux
auquel correspond le progrès sensible accompagne d'ordinaire ce développement particulier du cerveau auquel est
lié le progrès intellectuel. Toutefois cela n'est vrai qu'en
gros et approximativement. Il est des individus chez lesquels domine la sensibilité; il en est d'autres chez qui l'intelligence l'emporte et chez qui l'usage habituel de la
réflexion, en arrêtant dans le cerveau la presque totalité
de l'énergie mise en liberté, apporte un obstacle à la production normale des sentiments : de là des anomalies sur
lesquelles nous aurons à revenir plus tard[1]. De même
chez les peuples considérés aux stades successifs de leur
évolution, le progrès intellectuel est tantôt en avance et

reproduisent également en eux-mêmes, mais d'une manière différente, la réalité ordonnée et harmonieuse qui se traduit chez l'un
en langage de concepts et chez l'autre en langage de sentiments.

1. Voir ch. iv, p. 135.

tantôt en retard sur le progrès sensible. Il résulte de là
que le progrès moral, fonction du double progrès dans
l'ordre de la sensibilité et dans l'ordre de l'intelligence,
ne saurait être mis en doute, mais qu'en raison de la pré-
dominance alternative de l'élément intellectuel et de l'élément sensible il se trouve soumis à des déviations et à des
perturbations multiples qui échappent à toute prévision
rationnelle. C'en est assez pour montrer toute l'inutilité
des tentatives diverses faites pour déterminer à *priori*
l'évolution de la moralité. Cette inutilité apparaît bien
plus manifestement encore lorsque l'on considère que :

3° *La moralité est un fait social*, c'est-à-dire est partie
intégrante de cet ensemble éminemment complexe de
faits qui dépendent de l'existence de la société et parmi
lesquels, outre les faits moraux eux-mêmes, il faut compter
tous les faits d'ordre économique, politique, esthétique,
scientifique, etc.[1]. Tous ces faits dont l'évolution est dominée
par le double progrès intellectuel et sensible, sont extraordinairement enchevêtrés les uns dans les autres, constamment soumis à des actions et à des réactions réciproques ;
chacun d'eux est tour à tour « causé et causant, aidé et
aidant », conditionné et conditionnant, déterminé et déterminant. Il est incontestable par exemple que le progrès
moral est fréquemment conditionné par le progrès de l'organisation sociale et c'est là ce qu'ont bien vu les sociologues de l'école à laquelle appartient le Dr Pioger. Mais la
réciproque qu'ils négligent n'est pas moins vraie et le progrès de l'organisation sociale est souvent conditionné à
son tour par le progrès moral, ainsi que le constate M. de
Roberty. C'est ainsi que la suppression de l'esclavage fut
une conséquence de la remarquable évolution morale dont

1. Cela ne veut pas dire, comme on l'a vu plus haut, que nulle
moralité ne soit concevable en dehors de la société.

le triomphe du Christianisme est la plus éclatante manifestation. C'est ainsi encore que la nouvelle organisation
sociale qui date de la Révolution française a eu son principe dans la conception que la philosophie du xviii° siècle
se fit de l'idéal moral.

De cet enchevêtrement des faits multiples de tout ordre
qui tiennent à l'existence de la société il ne faudrait cependant pas conclure que leur évolution ne puisse être étu-
diée qu'en bloc et inséparablement, ce qui conduirait à
absorber totalement l'Éthique dans la Sociologie, fût-ce
même en lui attribuant la part prépondérante et le rôle
dominant, comme semble le faire M. de Roberty. Ici, comme
partout ailleurs, il convient au contraire de se conformer
au sage précepte de Descartes qui nous conseille de « divi-
ser les difficultés qui se présentent en autant de parcelles
qu'il se peut et qu'il est requis pour les mieux résoudre. »
Il importe justement d'analyser avec soin le tout complexe
fourni par l'expérience, de démêler cet écheveau extraordinairement embrouillé des faits sociaux de tout ordre,
afin de dégager et de suivre séparément chacun des fils
qui le constituent, en tenant compte des actions et des
réactions mutuelles qui s'exercent au sein de la masse. En
somme nul ne songe à nier la possibilité et l'utilité
d'étudier à part l'évolution scientifique ou l'évolution
industrielle qui, comme le progrès moral sont condition-
nées par le progrès de l'organisation sociale qu'elles
conditionnent à leur tour. Pourquoi ce qui est possible et
désirable pour le progrès scientifique ne le serait-il pas au
même titre pour le progrès moral ? La seule conclusion
légitime à tirer de l'enchevêtrement incontestable des
faits sociaux c'est l'impossibilité déjà signalée de déterminer *a priori* l'essence de la moralité, la nature de
l'idéal moral et les stades successifs de son évolution au

moyen des seules lois de la psychologie et de principes tels que le plaisir, l'intérêt ou la sympathie.

V

LA MÉTHODE DE L'ÉTHIQUE

Il est possible dès lors de concevoir avec une netteté suffisante la méthode qui convient à l'Éthique. De ce que la moralité est un fait social, conditionné au moins en partie par l'ensemble des autres faits sociaux qu'elle conditionne à son tour, il résulte manifestement qu'il ne saurait être question de déterminer *a priori* ce qu'elle *doit être*, comme l'ont essayé non seulement les moralistes métaphysiciens, mais aussi les empiristes et les penseurs de l'école positiviste eux-mêmes qui en ont placé arbitrairement la règle et la mesure dans l'utilité sociale. Il faut rechercher non ce qu'elle *doit être* mais ce qu'elle *est* en fait, en déterminant avec autant de précision que possible le contenu de l'idéal moral tel qu'il est actuellement conçu par les peuples parvenus au stade le plus avancé de l'évolution. Il faut ensuite rechercher le germe de cet idéal et, s'il y a lieu, des divers éléments qui le constituent, chez les peuplades les plus arriérées, les plus voisines de l'animalité primitive, voire chez les animaux eux-mêmes. Le problème qui se pose est alors de montrer par quels stades successifs la moralité est passée pour s'élever graduellement de sa forme la plus rudimentaire à sa forme actuellement la plus parfaite.

Cette évolution s'est produite conformément au progrès général de la civilisation, dominé lui-même par le double progrès intellectuel et sensible dont nous avons précédem-

ment déterminé la direction générale[1] ; mais cette considération qui est utile et même indispensable pour aider
l'esprit à se reconnaître et à se diriger convenablement
dans le dédale des faits ne saurait suppléer à l'observation
même de ces faits qui demeure la condition essentielle
de la recherche. En somme le problème qui se pose n'est
pas sans analogies avec celui qui consiste, dans l'ordre
des sciences naturelles, à remonter de la monère primitive jusqu'à l'homme comme a tenté de le faire particulièrement Hæckel. Le naturaliste est guidé dans ses
investigations par sa conception générale du progrès de
l'organisation, comme aussi par les lois de l'adaptation
au milieu, de la concurrence vitale, de la sélection naturelle, etc.; mais il n'en est pas moins obligé de faire constamment appel à l'observation directe des faits et aux
multiples ressources de l'anatomie comparée, de l'embryologie et de la paléontologie. Dans la résolution du
problème analogue qui nous occupe, à l'anatomie comparée correspond l'examen comparatif au point de vue
moral des peuples parvenus à des stades divers de l'évolution, et à cet égard l'observation des peuplades sauvages,
barbares ou demi-barbares qui subsistent encore aujour-
d'hui est tout particulièrement intéressante et instructive :
seulement de même que les espèces animales actuellement
existantes ne doivent pas être considérées comme des
ancêtres de l'homme, mais comme des branches collaté-
rales, de même les formes morales inférieures que nous
pouvons observer constituent souvent des déviations qui

---

1. Il est facile de voir en effet que ce double progrès intellectuel
et sensible constitue l'élément essentiel du progrès général de la
civilisation, quelle que soit d'ailleurs l'aide qu'il reçoive des autres
formes du progrès, du progrès économique et du progrès de l'organisation sociale par exemple, qui en dépendent à leur tour.

se sont produites au cours de l'évolution : telle la cruauté,
la férocité extraordinaires de certaines peuplades qu'il ne
faudrait pas regarder comme originelle [1].

A l'embryologie répond au moins dans une certaine
mesure l'étude de la mentalité enfantine : de même en effet
que l'embryon reproduit dans son développement l'évolution organique de l'espèce, de même la mentalité de l'enfant
repasse par les mêmes phases que l'esprit humain a tra-
versées depuis ses origines, et certaines tendances morales
de nos lointains ancêtres s'y manifestent parfois d'une
manière non équivoque. Toutefois les influences perturba-
trices de l'éducation et du milieu viennent accroître ici les
difficultés qui résultent pour l'observation de la rapidité
même avec laquelle l'évolution se produit.

A la paléontologie enfin, qui restitue dans l'ordre même
de leur apparition les organismes préhistoriques si heureusement conservés au sein des couches superposées de
l'écorce terrestre, on peut comparer l'histoire avec ses
documents innombrables d'ordre législatif, littéraire, philosophique, etc., qui, à partir de l'époque où il lui est
permis de remonter, nous fournit des renseignements
particulièrement précieux ; avec cette différence que la
paléontologie sert surtout à la restauration des formes
organiques les plus anciennes, alors que l'histoire s'applique au contraire aux phases relativement les plus
récentes de l'évolution morale.

L'étude comparée des mœurs et coutumes des sauvages
et des barbares telles que nous les font connaître les récits
des explorateurs les plus dignes de foi, l'observation des
enfants aux diverses phases de leur développement
mental, l'histoire, la littérature, la philosophie, la législa-

1. Voir le préambule du chapitre III.

tion des différents peuples et particulièrement des nations
indo-européennes chez lesquelles notre idéal actuel s'est
élaboré, nous fournissent ainsi les matériaux qui sont
nécessaires à la science pour suivre et déterminer la
marche du progrès moral. Mais il ne faudrait pas se contenter, comme le fait par exemple le Dr Letourneau[1], de
distinguer dans l'évolution de la moralité un certain
nombre de périodes, correspondant aux phases successives de la civilisation, en définissant par ses traits les
plus caractéristiques, chacune de ces formes typiques de la
moralité : morale bestiale, morale sauvage, morale barbare, morale de demi-civilisation, morale de civilisation
avancée. Cette méthode de classification qui a toujours
quelque chose d'arbitraire et de factice[2] dans son effort
pour faire rentrer la réalité dans des cadres convenus, tend
à substituer le discontinu au continu et présente surtout le
très grave inconvénient de n'être point explicative. Si l'on
veut faire œuvre véritablement scientifique, il importe justement de mettre pleinement en lumière la continuité du
progrès moral en expliquant autant que possible le passage
des formes inférieures aux formes supérieures. En suivant
ainsi pas à pas, sans oublier de tenir compte des arrêts et
des régressions, l'évolution de la moralité depuis ses
origines jusqu'à nos jours, peut-être deviendra-t-il possible de concevoir, sans aucun mélange de chimère et
d'utopie, les progrès ultérieurs dont elle est encore susceptible, en même temps que les moyens dont l'humanité
dispose pour favoriser et accélérer la réalisation d'un
idéal supérieur.

1. Letourneau (Dr Charles). *Évolution de la morale* (2e édit. 1894).
2. Le Dr Letourneau reconnaît lui-même que les diverses périodes
morales qu'il signale se pénètrent mutuellement et n'ont point de
limites tranchées (*op. cit.*, ch. VIII, I, p. 178 sqq.).

CHAPITRE PREMIER

LES ÉLÉMENTS DE LA MORALITÉ : ANALYSE DE L'IDÉE DU BIEN

Au moment où nous entreprenons de déterminer, d'après les principes de la méthode ci-dessus exposée, l'évolution de la moralité, il importe de revenir sur une distinction déjà établie et de définir avec précision ce qu'il convient d'entendre par moralité. La moralité dont il s'agit ici, c'est la moralité telle qu'elle est conçue et non telle qu'elle est pratiquée ; c'est l'idéal moral lui-même et non la vertu, c'est-à-dire l'effort pour réaliser cet idéal. Elle a sans doute la condition de sa formation, comme aussi de l'action qu'elle est capable d'exercer pratiquement sur les âmes, dans des tendances, dans des dispositions mentales acquises au cours de l'évolution, mais elle n'en demeure pas moins essentiellement une idée, l'idée qui sert de critérium à l'opinion, de règle aux jugements que nous portons sur la conduite humaine et qui va se perfectionnant à travers les âges, atteignant à chaque stade de l'évolution sa forme relativement la plus élevée chez certaines âmes d'élite, flambeaux et guides de l'humanité en marche.

Cette idée, l'effort des philosophes depuis Platon semble toujours avoir été de la concevoir rigoureusement sous la forme de l'unité ; ce qui les a conduits à l'envisager d'ordinaire sous un point de vue trop étroit et trop exclusif[1]. De là les diverses tentatives qui ont été faites pour ramener le Bien au Beau ou au Vrai, à l'intérêt individuel ou à l'utilité sociale, à la pitié, à la sympathie ou à la solidarité. On a dénaturé ainsi en la mutilant l'idée que l'on voulait expliquer, car en réalité, comme nous le verrons bientôt, le Bien participe à la fois du Beau, du Vrai, de la sympathie, de la pitié et de l'amour, et l'intérêt individuel ou social, sans en faire partie intégrante a contribué dans une certaine mesure à la formation et au développement de ce concept. Seul, peut-être entre tous les moralistes, Herbart a vu clairement que l'idéal moral est en réalité une idée fort complexe, constituée par des éléments hétérogènes, idée qu'il importe avant tout de soumettre à une analyse attentive et minutieuse pour en déterminer exactement le contenu. C'est ainsi qu'il distingue dans l'idéal moral cinq idées constitutives : les idées de *liberté intérieure*, de *perfection*, de *bienveillance* et d'*amour*, de *justice* et de *droit*, d'*équité* et de *rémunération*[2]. Cette analyse, malgré l'intérêt capital qu'il faut lui reconnaître, offre cependant le défaut d'être peu méthodique et surtout peu instructive au point de vue de la genèse que nous voulons entreprendre. En réalité on peut distinguer aisément dans l'idée du Bien, telle qu'elle est actuellement donnée à la conscience commune, trois éléments distincts et irréductibles : un élément d'ordre *esthétique* qui com-

1. Platon lui-même a su se garder de cette erreur où devaient tomber ses successeurs, car pour lui les idées du Beau et du Vrai par exemple procèdent de l'idée du Bien qui par conséquent les implique dans sa compréhension supérieure sans s'identifier avec elles.

2. *Philosophie pratique générale*, ch. i. Voir notre ouvrage sur *l'Éducation par l'instruction et les théories pédagogiques de Herbart*. (Paris. F. Alcan, 1901.)

prend les idées de liberté intérieure et de perfection, un élément d'ordre *logique* ou *rationnel* auquel se ramènent les idées de justice et de droit, d'équité et de rémunération, et enfin un élément d'ordre *sympathique* qui embrasse les idées de bienveillance et d'amour.

L'élément esthétique de la moralité, trop exclusivement considéré par la philosophie grecque et en revanche presque totalement négligé, du moins en tant que tel, par les sociologues et par les philosophes anglais, sauf Stuart Mill qui ne le retrouve, il est vrai, qu'au prix d'une inconséquence, réside particulièrement, mais non pas uniquement [1], dans la morale individuelle, dans ce que l'on est actuellement convenu d'appeler les devoirs de l'homme envers lui-même. Les vertus individuelles sont en effet, d'après l'antique classification socratique encore actuellement en usage, le courage, la sagesse et la tempérance. Or le courage sous toutes ses formes, valeur guerrière, intrépidité en face des dangers de toute nature, force d'âme, fermeté dans l'adversité, persévérance dans l'effort, est incontestablement grandeur et puissance. La sagesse, prudence pratique ou science spéculative, qui fait l'unité de la vie comme de la pensée, est essentiellement ordre et harmonie. La tempérance enfin, au sens large du mot, qui calme les emportements de la passion, met un frein aux désirs, se garde de tout excès dans les joies comme dans les afflictions, est manifestement mesure et proportion. La perfection individuelle est ainsi faite de grandeur et de puissance, d'ordre et d'harmonie, de proportion et de mesure. Or la grandeur, l'ordre et la mesure sont juste-

1. Il se manifeste aussi sous la forme de l'héroïsme, de la grandeur d'âme dans l'accomplissement des devoirs de charité et parfois aussi dans l'accomplissement particulièrement difficile de certains devoirs de justice.

ment les éléments essentiels du Beau ; et c'est ce qui fait
qu'il y a quelque chose d'esthétique dans la vertu individuelle ; c'est ce qui fait que Platon a pu la définir une
« harmonie » ; c'est ce qui fait que les stoïciens, se plaçant
à un point de vue trop étroit, identifiaient le Bien avec le
Beau et faisaient du sage un *artiste ;* c'est ce qui fait
que l'on peut à bon droit parler d'une belle âme, comme
on parle d'un beau tableau, d'une belle statue ou d'une
belle symphonie. Et l'on pourrait aisément, poursuivant
l'analogie jusque dans le détail, retrouver dans le Beau
moral des espèces correspondant exactement à celles du
Beau sensible. Il y a une vertu que l'on peut appeler proprement *belle,* où la grandeur se trouve unie dans une
juste proportion à la mesure et à l'ordre : c'est la vertu
platonicienne, harmonieuse et sereine comme le Parthénon ou l'Électre de Sophocle. Il y a une vertu *sublime* où
la grandeur l'emporte au détriment de la mesure : c'est la
vertu du stoïcien, austère, farouche, héroïque, admirable
par son excès même. Il y a enfin une vertu que l'on pourrait assez justement appeler *jolie,* quoique l'expression
ne soit point en usage, une vertu où la mesure domine au
détriment de la grandeur ; c'est la vertu de l'Épicurien,
soucieuse avant tout d'éviter tout excès, ennemie de l'effort et dédaigneuse de l'héroïsme.

Il y a déjà sans doute quelque chose de rationnel dans
l'élément esthétique de la moralité, puisqu'il n'y a pas
de perfection individuelle sans la sagesse qui a son principe dans la raison, de même qu'il n'y a pas de beauté
complète et véritable sans l'ordre qui est essentiellement
raison. Mais c'est toutefois dans la justice que se rencontre tout particulièrement, et en quelque sorte à l'état
pur, l'élément rationnel de la moralité, dans la justice qui
d'ailleurs procède de la sagesse, car seul l'homme sage

et éclairé est véritablement juste, et l'injustice a sa source
dans les erreurs d'une intelligence étroite et bornée plus
souvent encore que dans un vice de la volonté. Le caractère rationnel, logique et en quelque sorte mathématique
de la justice est tellement manifeste qu'il n'a point échappé
aux anciens non plus qu'à nos modernes philosophes.
Les Égyptiens dans leur écriture hiéroglyphique repré-
sentaient la justice par l'unité de mesure, par une coudée;
les pythagoriciens dans leur langage symbolique l'exprimaient par l'égalité; et c'est aussi dans l'égalité que la
plupart des penseurs contemporains et les sociologues en
font consister l'essence et la règle : le mot latin *æquus*
d'où vient le mot français *équité* ne signifie-t-il pas tout
à la fois *égal* et *juste?* Toutefois la réduction de la justice à
l'égalité, tout en étant un témoignage du caractère rationnel de ce concept, comporte une erreur dangereuse contre
laquelle il est nécessaire de se prémunir. A parler exactement la règle de la justice est non pas l'égalité, mais la
proportionnalité dont l'égalité n'est qu'un cas particulier.
Cela est incontestablement vrai de la justice distributive
et rémunérative et de la justice pénale ainsi que l'a fort
bien vu Aristote. Pour être juste, le chef qui distribue les
faveurs et l'avancement doit avoir égard au mérite de
chacun de ses subordonnés; l'examinateur doit propor-
tionner exactement ses notes à la valeur respective des
compositions qui lui sont soumises; le juge doit propor-
tionner la peine au délit : il n'y a qu'une justice barbare
qui frappe indifféremment de la même peine, la mort le
plus souvent, des crimes d'une gravité très diverse; et le
progrès de la législation se mesure précisément au soin que
le législateur apporte à graduer les châtiments en raison de
la gravité des fautes commises. Quand on dit que la justice
doit être égale pour tous, cela signifie simplement qu'elle

doit faire abstraction de toute considération relative au rang social ou à la fortune du coupable pour envisager exclusivement la gravité de sa faute et aussi sa valeur morale intrinsèque, car on tend de plus en plus à tenir compte dans une large mesure des antécédents de l'inculpé : l'égalité de traitement consiste donc ici dans une juste proportionnalité. Ainsi la règle de la proportionnalité domine la justice distributive, rémunérative et pénale tout entière. Elle domine aussi en réalité le droit, car le principe même de l'égalité des droits, très contestable d'ailleurs comme nous aurons occasion de le constater[1], ne saurait avoir d'autre fondement logique que l'égalité *présumée* des personnes ; et la formule célèbre de Kant « traite toujours la personne humaine comme une fin en soi », formule qui consacre l'égalité des droits, repose sur l'hypothèse métaphysique de la valeur incomparable, absolue de l'être raisonnable et libre. Il y a plus : en dépit de la distinction établie par Aristote, la justice commutative elle-même a au fond sa règle dans la proportionnalité. Elle consiste, d'après l'auteur de la Morale à Nicomaque, à donner en échange d'un objet un autre objet de valeur égale. Mais la valeur se ramène toujours à une proportion : la valeur d'un objet est proportionnelle à son utilité, à sa beauté, à sa rareté, ou simplement au désir qu'il fait naître de le posséder ; un gramme d'or vaut quinze grammes d'argent ; une toile de Raphaël ou de Rembrandt vaut dix tableaux d'un maître de second ordre ; la journée de travail d'un ouvrier d'art vaut incomparablement plus que la journée de travail d'un simple manœuvre, etc. En y réfléchissant bien on voit que toute forme de l'injustice peut se ramener à la violation d'une

1. Voir plus bas, ch. III, II.

proportionnalité naturelle ou conventionnelle. Le vol, par
exemple, qui fait passer arbitrairement entre les mains
du voleur une portion, quelle qu'elle soit, de la fortune
du volé, tend à détruire chez l'un comme chez l'autre la
proportion qui existe ou est censée exister entre le mérite
de l'individu et la possession des biens matériels. La
calomnie tend à rompre, au détriment de celui qui en est
victime, la proportion qui doit exister entre la valeur
morale de la personne et la considération dont elle jouit
auprès de ses semblables. L'hypocrisie tend à déterminer,
au bénéfice de l'hypocrite, une rupture de proportionnalité du même genre. De même encore l'ingratitude consiste dans le renversement du rapport qui doit exister
entre les services rendus par le bienfaiteur et les sentiments de l'obligé, etc. La substitution de la proportionnalité à l'égalité comme règle universelle de la justice,
substitution dont la légitimité se trouvera amplement
confirmée par la suite [1], a, comme nous le verrons, des
conséquences d'une importance capitale. Sans insister
sur ce point, ce qu'il convient de constater pour le moment, c'est le caractère essentiellement logique et rationnel de la justice sous toutes ses formes.

Enfin l'élément sympathique de la moralité est le principe de ce que l'on est communément convenu d'appeler
les devoirs de charité. La sympathie peut être passive ou
active. Sous sa forme passive la sympathie consiste,
comme l'indique l'étymologie même du mot, à ressentir
à quelque degré les joies et les souffrances des autres;
elle engendre ainsi la pitié, ce sentiment si proprement
humain auquel Schopenhauer croit pouvoir ramener la
moralité tout entière, mais qui en fait demeure souvent

1. Voir le chapitre III tout entier.

stérile et inefficace en raison des prétentions adverses de l'égoïsme. Sous sa forme active la sympathie devient bienveillance, amour et charité, et fait alors effort non seulement pour soulager la souffrance, mais aussi pour provoquer, autant qu'il est en son pouvoir, la joie chez autrui.

Dans le dévouement, dans le sacrifice absolu de la personne, l'amour lui-même acquiert une force et une valeur supérieure grâce à l'intervention efficace de l'élément esthétique sous la forme du courage, de l'abnégation, de la grandeur d'âme et de l'héroïsme. Il est susceptible d'autre part de s'éclairer et de s'étendre grâce à l'intervention de la sagesse et de la science qui lui découvrent les rapports entre les membres de l'État ou de la grande société humaine, et devient alors le sentiment de la solidarité véritable, bien différente de cette solidarité fragile et à certains égards dangereuse qui repose sur l'accoutumance ou sur une simple communauté d'intérêts, le plus souvent éphémère et variable avec les circonstances. Mais si les éléments esthétique et rationnel de la moralité sont susceptibles d'influer efficacement sur l'élément sympathique, la réciproque n'est pas moins vraie. La sympathie à son tour pénètre l'élément esthétique comme elle pénètre progressivement l'art et l'idée même du Beau : de même que l'œuvre d'art acquiert une beauté incomparable grâce à la puissance et à la chaleur du sentiment qui l'anime et la vivifie, de même aussi pour être vraiment belle, l'âme doit être largement ouverte à la sympathie, à la pitié et à l'amour. Et d'autre part enfin la charité sert tout à la fois à préparer les voies à la justice et souvent aussi à l'adoucir dans ce qu'elle pourrait avoir de trop rigoureux.

Les divers éléments de la moralité sont donc en fait

susceptibles de se pénétrer mutuellement, d'agir et de réagir les uns sur les autres au sein de l'idéal qu'ils constituent. Ils n'en demeurent pas moins en principe essentiellement distincts. Cette distinction originelle, généralement méconnue et dont l'importance est cependant capitale tant au point de vue pratique qu'au point de vue spéculatif, se trouve déjà, ce semble, suffisamment établie par ce qui précède; mais elle ressortira plus clairement et plus fortement encore des considérations suivantes.

D'abord chacun des trois éléments de la moralité peut tour à tour prédominer, parfois jusqu'à l'exclusion complète des deux autres, suivant les races comme suivant les individus. En ce qui concerne les races, nous voyons nettement prédominer dans l'Inde bouddhique l'élément sympathique, embrassant dans une pitié et dans un amour universels, avec l'humanité, l'animalité tout entière ; dans la Grèce artiste, c'est l'élément esthétique, dans la Rome antique, berceau de la jurisprudence, c'est l'élément rationnel qui joue le rôle prépondérant. En ce qui concerne les individus d'autre part, nous voyons journellement des personnes qui, fort sensibles à la pitié et à l'amour, aisément capables de dévouement et de sacrifice, semblent ne se soucier que fort médiocrement de la justice et du droit. Cela est vrai notoirement des femmes, chez lesquelles le sentiment de la logique est d'ordinaire moins puissant que chez les hommes et qui, dans leur conduite comme dans leur pensée, ne reculent pas devant les contradictions les plus manifestes, sacrifiant sans hésiter la justice à la passion, ou plutôt interprétant la justice à la lumière de la passion. Mais, comme le dit La Fontaine, combien d'hommes sont femmes sur ce point? Tel grand artiste, tel grand écrivain dont le cœur et la bourse étaient toujours largement ouverts à leurs amis ou même à des inconnus ne songeaient guère à payer leurs dettes non plus qu'à rendre justice à leurs rivaux. Réciproquement l'insensibilité, la dureté de cœur, l'absence totale de pitié et d'amour se rencontrent fréquemment chez des hommes qui observent strictement, rigoureusement les lois de la justice à laquelle ils sont prêts à sacrifier sans hésiter leur vie elle-même : Kant ne proclame-t-il pas sans valeur morale le bien accompli par amour ? Enfin l'exemple des premiers stoïciens et de certains ascètes nous montre clairement que le souci de la perfection individuelle, s'il implique ordinairement la justice à cause de la présence de l'élément rationnel, sous la forme de la sagesse, au sein de l'élément esthétique convenablement développé, peut parfois exclure toute manifestation de l'élément sympathique : absorbé par le soin de « ciseler sa statue » le sage de Zénon et de Chrysippe se défend d'une pitié qui pourrait altérer la sérénité de son âme et n'a que du dédain pour les misères de la foule ignorante qui l'environne ; le Dominicain, émacié par les jeûnes, intrépide et impitoyable, sublime et odieux, montre devant le martyre qu'il va chercher parmi les infidèles la même impassibilité que devant les souffrances des hérétiques qu'il torture au nom de la foi.

D'autre part, non seulement les divers éléments de la moralité sont susceptibles de prédominer tour à tour et même d'être réalisés séparément, mais encore ils provoquent en pareil cas des sentiments nettement dissemblables et dont la diversité même aurait dû faire réfléchir ceux qui peuvent être portés à concevoir l'idéal moral sous la forme de l'unité. Lorsque l'on parle des sentiments que fait naître, chez le spectateur la pratique du bien, on a coutume d'énumérer pêle-mêle l'approbation, l'estime, l'admira-

tion, la sympathie et l'amour; mais en fait ces divers
sentiments ne s'appliquent pas indifféremment à tous les
cas. En face de la grandeur et de la beauté morales,
comme en face de la grandeur et de la beauté physiques,
ce que nous éprouvons, c'est incontestablement de l'admiration: nous admirons la bravoure téméraire d'un
Achille, la patience d'un Épictète, la fermeté inébranlable
d'un Thraséas, la sagesse d'un Socrate ou d'un Marc-
Aurèle. Un acte de justice, à moins que des circonstances
particulières ne lui donnent accidentellement le caractère
esthétique de l'héroïsme, ne provoque en nous que ce
sentiment d'approbation et conséquemment d'estime
résultant de la conformité du jugement impliqué dans
l'action accomplie avec notre propre jugement. En face
d'une âme douce et bonne, compatissante et charitable,
ce que nous ressentons c'est de l'attendrissement, de la
sympathie et de l'amour car, comme l'a dit justement
Voltaire, « c'est la bonté qu'on chérit »; et notre amour
va spontanément à la tendresse d'un saint François
d'Assise, le doux ami des plus humbles créatures, à la
charité inépuisable d'un saint Vincent de Paul, le bienfaiteur des pauvres, alors que nous le refusons à la stricte
probité du marchand anglo-saxon, à la justice inflexible
d'un Brutus, à la sagesse cauteleuse d'un Louis XI, à la
fermeté impitoyable d'un Richelieu, à l'intrépidité d'un
Montluc, à la grandeur farouche du sage stoïcien comme
à l'austérité glacée du sage kantien. Inversement la
lâcheté, la pusillanimité, la faiblesse d'une âme esclave
de ses passions, de ses désirs et de ses craintes, la mes-
quinerie et l'étroitesse d'esprit excitent notre mépris;
d'autre part l'injustice, par la contradiction qu'elle implique avec un rapport, avec une proportion solidement établie dans notre esprit provoque notre indignation (l'éty-

mologie du mot *indignari* est ici parfaitement significative); enfin la dureté de cœur, la cruauté, l'insensibilité font naître en nous la répulsion et l'horreur, alors même que nous ne pouvons nous empêcher d'admirer, comme en face du sublime forfait de Brutus.

Bien plus remarquable et bien plus significative encore au point de vue qui nous occupe est la façon très différente dont les divers éléments de la moralité nous obligent, s'imposent à notre conduite comme à notre pensée. On ne reconnaît d'ordinaire qu'une forme unique de l'obligation, comme aussi une forme unique du remords. Il est facile de voir cependant que l'élément esthétique ne nous oblige pas en fait de la même manière que l'élément rationnel ou l'élément sympathique et que le remords lui-même est de nature essentiellement variable suivant les cas. La perfection individuelle, le Beau moral s'impose à nous de la même manière que le Beau sensible s'impose à l'artiste; il exerce sur notre âme cette douce attraction que Platon attribue justement à l'idée du Bien et qui diffère profondément de la contrainte tyrannique de l'impératif catégorique; il nous apparaît comme un but souverainement désirable, proposé à nos efforts, et vers lequel nous nous sentons secrètement sollicités avec une force qui semble s'accroître à mesure que nous nous en rapprochons davantage. Tout progrès vers l'idéal est une cause de plaisir, tout retour en arrière, toute chute est une cause de douleur, et c'est là le fait que Spinoza avait sans doute particulièrement en vue lorsqu'il définissait la joie le passage d'une perfection moindre à une perfection supérieure, la tristesse le retour d'une perfection supérieure à une perfection moindre. Le remords consiste donc ici, comme il est aisé de le constater par l'expérience, dans le sentiment très vif et très pénible de notre faiblesse et de notre impuissance. Succombons-nous à la lâcheté, à la colère ou à l'intempérance, nous rendons-nous coupable de quelque bassesse ou de quelque vilenie, pourvu que nul d'ailleurs n'ait à en souffrir, ce que nous éprouvons c'est uniquement un sentiment de honte et de déchéance; nous nous sentons amoindris, diminués à nos propres yeux de toute la distance qui sépare notre conduite de l'idéal conçu. Tout autre est la manière dont s'impose à nous l'élément sympathique. La pitié, cette forme essentielle de la sympathie d'où procède ordinairement l'amour, présente les caractères d'une dépression bien plutôt que de cette exaltation si manifeste dans l'effort vers la perfection, et c'est là justement ce qui l'a fait si énergiquement proscrire par les philosophes qui placent exclusivement le Bien dans la perfection, par Spinoza, comme par les stoïciens : « la pitié est de soi mauvaise et inutile, dit l'auteur de l'Éthique, et celui qui vit suivant la raison s'efforce, autant qu'il est en lui, de ne pas se laisser toucher par la pitié[1]. » Dans la pitié la force qui nous pousse à agir c'est le besoin douloureux d'écarter la souffrance sympathiquement excitée en nous par la souffrance d'autrui. Cette force se heurte d'ordinaire aux prétentions adverses de l'égoïsme : momentanément vaincue, comme il arrive souvent, elle n'est point pour cela annihilée et tend à reparaître lorsque le désir égoïste s'est éteint dans sa propre satisfaction ; l'image de la douleur que nous n'avons point soulagée lorsque nous le pouvions ou que nous avons nous-même provoquée par égoïsme persiste dans l'âme où elle excite une souffrance sympathique; et c'est là la forme de remords propre à l'élément sympathique que certains modernes, comme Darwin, ont trop

1. *Éthique*, liv. IV, prop. 50 et corollaire.

exclusivement considérée dans leurs tentatives d'explication. Enfin la justice s'impose à nous avec une force toute
particulière et incomparable due précisément à son caractère essentiellement logique et rationnel car, « la raison,
comme dit Pascal, nous commande plus impérieusement
qu'un maître »: elle nous oblige à la manière du vrai.
L'injustice que nous commettons sciemment et volontairement rompt brutalement dans notre esprit un rapport
logique, une proportion solidement établie par la coutume: il y a contradiction entre le jugement effectivement
impliqué dans notre conduite et le jugement de notre raison ; et c'est dans le déchirement intérieur produit en
nous par le sentiment de cette contradiction, persistant
après l'acte, que consiste ici le remords. Ce sentiment ne
diffère guère au fond de celui qui arrachait, dit-on, à
Galilée obligé de se rétracter devant le tribunal de l'Inqui-
sition cette exclamation fameuse : « *e pur si muove* — et
cependant elle tourne ! »

Il importe d'ailleurs de remarquer que dans la pratique
les diverses formes de l'obligation, comme aussi les
diverses formes du remords, se trouvent le plus souvent
combinées et c'est ce qui à empêché sans doute les moralistes d'en apercevoir les différences caractéristiques.
Mais elles n'en demeurent pas moins distinctes comme
les éléments mêmes de la moralité auxquels elles correspondent. Dans la tragédie de Corneille, lorsque Auguste
se décide à pardonner à Cinna, on aperçoit aisément la
double influence qu'exerce sur sa détermination, outre le
sentiment de l'intérêt, d'une part l'élément sympathique :

Mais quoi! toujours du sang et toujours des supplices!

et d'autre part l'élément esthétique :

Je suis maître de moi comme de l'univers!

Si sous l'empire de l'ivresse un homme commet un meurtre, le sentiment plus vif de sa déchéance se complique chez lui de l'horreur du crime accompli, sans cesser pour cela de s'en distinguer. Chez le juge qui par lâcheté ou par cupidité se laisse aller à prononcer contre un innocent la peine capitale, le sentiment de sa bassesse se complique du remords provenant de la justice violée et de celui qui a sa source dans la représentation du sang injustement versé, sans pour cela se confondre avec eux.

A vrai dire, en énumérant, comme nous venons de le faire, les différentes manières dont les divers éléments de l'idéal moral s'imposent originellement et naturellement à notre conscience, nous n'avons pas épuisé toutes les formes de l'obligation. Il est un autre mode d'obligation, artificiel en quelque sorte, susceptible de se surajouter aux autres et de les dissimuler sous lui au point d'en faire méconnaître la véritable nature et l'existence même. Ce mode d'obligation a son principe dans les ordres des parents et des maîtres, dans les commandements du pouvoir civil, dans les prescriptions de la religion. Il est primitivement lié à la crainte d'un châtiment, crainte à laquelle il doit sans doute en partie sa puissance toute spéciale; mais il est capable de lui survivre, en vertu de ce même processus psychologique qui fait que l'avare après avoir aimé et recherché l'or pour les avantages qu'il procure finit par l'aimer et le rechercher pour lui-même. L'enfant à qui l'on a défendu telle ou telle action en le menaçant de Croquemitaine éprouve encore une certaine hésitation et une vague répugnance à accomplir l'acte défendu, alors qu'il a depuis longtemps cessé de croire à l'épouvantail de ses premières années. De même l'homme qui ne croit plus à l'enfer recule instinc-

tivement devant les actions qu'on lui a longtemps repré-
sentées comme dignes des flammes éternelles. Cette idée
d'obligation qui, en vertu de l'éducation, de la coutume
et de l'hérédité, s'attache aux actes défendus ou comman-
dés par la loi divine ou humaine et finit par devenir indépendante de toute considération de châtiment possible,
constitue l'un des deux facteurs essentiels de *l'impératif
catégorique*[1], de ce *commandement absolu*, que Kant
trouve avec admiration au fond de sa conscience façon-
née par le piétisme[2] de ses premiers éducateurs et par
dix-huit siècles de christianisme. Quant au second facteur
qui donne à l'impératif catégorique le caractère universel
d'un *ordre de la raison*, il n'est autre que cette force particulière inhérente, comme on l'a vu, à l'élément rationnel
de la moralité. Il est à remarquer en effet que l'impératif
catégorique, tel que l'entend Kant, ne s'applique exactement qu'aux seuls devoirs de justice et ne peut être étendu
aux devoirs de charité qu'au prix d'une transformation
qui dénature ces derniers en étouffant la pitié et en étei-
gnant la flamme de l'amour. L'impératif catégorique est
d'ailleurs le fruit d'une culture relativement avancée: il
n'apparaît guère chez le sauvage qui n'arrive point à séparer complètement de l'appréhension de châtiments ter-
ribles, quoique souvent mal déterminés, l'obligation de
respecter le *tabou*, non plus que chez le dévot superstitieux que hante perpétuellement la vision de l'enfer. Mais

1. C'est ce facteur de l'impératif catégorique qui a été surtout
aperçu et mis en lumière par les empiristes, par Stuart Mill, par
Alex. Bain et par Herbert Spencer.

2. Le piétisme qui poussait la rigidité protestante à l'extrême et
tendait à ramener la religion à la morale, fut fondé par l'Alsacien
Spinner : il compta parmi ses adhérents la mère même de Kant et
aussi Schulze, directeur du collège Frédéric, à Kœnigsberg, où le
grand philosophe fit ses premières études.

une culture plus avancée encore le fait évanouir, sans préjudico pour la moralité, en ne laissant subsister que cette force particulière avec laquelle chacun des éléments de l'idéal moral s'impose naturellement à la conscience. Pour être courageux, tempérant et sage, pour être juste et charitable, pour éviter ce qu'on appelle le mal et faire ce qu'on appelle le bien, il n'est nullement nécessaire d'obéir à la contrainte tyranique d'un impératif catégorique dont la psychologie a révélé, en même temps que l'origine, le caractère artificiel et illusoire; il suffit d'être accessible à l'attrait de la beauté morale, d'être sensible à la contradiction qu'implique l'injustice, de se laisser aller à l'impulsion naturelle qui nous porte à soulager la souffrance et à procurer la joie de nos semblables.

A ce mode d'obligation qui a son principe dans les commandements de la loi divine ou humaine et constitue l'un des facteurs de l'impératif catégorique correspond aussi une forme particulière du remords, distincte de celles que nous avons signalées: c'est cetto vague inquiétude qu'éprouve le criminel, même en l'absence de tout motif sérieux de crainte, et qui le pousse parfois à se trahir ou à se livrer lui-même entre les mains de la justice. « Depuis lors, dit Lucrèce (depuis l'établissement des sanctions pénales), la crainte des châtiments empoisonne les plaisirs du criminel. La violence et l'injustice sont des pièges où il se prend lui-même ; le mal dont il est l'auteur retombe le plus souvent sur lui, et il n'est pas facile de mener une vie paisible et sûre lorsqu'on viole le contrat sur lequel repose la paix publique; quand même on tromperait le regard des dieux et des hommes, on ne peut espérer que le crime restera toujours caché. Plus d'un criminel, dit-on, s'est trahi par des propos répétés dans ses rêves ou dans le délire de la maladie, publiant ainsi des forfaits longtemps tenus dans l'ombre[1]. »

On voit par cette analyse combien sont en réalité variées et profondément distinctes les formes de l'obligation et du remords que l'on s'efforce d'ordinaire de ramener à l'unité, comme l'idée même du Bien. C'est pour avoir négligé ces distinctions nécessaires que les moralistes ne sont jamais arrivés à donner des divers phénomènes moraux qu'une explication incomplète, partielle et conséquemment insuffisante, s'attachant trop exclusivement, les uns comme les philosophes grecs à l'élément esthétique, d'autres comme Kant à l'élément logique, d'autres enfin comme les Anglais et les sociologues à l'élément sympathique de la moralité.

Si comme il est, semble-t-il, permis de l'affirmer, notre analyse est exacte, non seulement nous sommes parvenus à déterminer avec précision le contenu de l'Idéal moral, tel qu'il est actuellement donné à notre conscience d'hommes civilisés, mais encore la tâche ultérieure que nous nous sommes proposée se trouve par là même singulièrement facilitée. En effet, à cette question complexe, évolution de l'idée du Bien, nous pouvons substituer trois problèmes plus simples : évolution de l'élément esthétique, évolution de l'élément logique ou rationnel, évolution de l'élément sympathique de la moralité.

1. Inde metus maculat pœnarum præmia vitœ.
Circumretit enim vis atque injuria quemque,
Atque unde exorta est ad eum plerumque revertit,
Nec facile est placidam ac pacatam degere vitam
Qui violat factis communia fœdera pacis :
Etsi fallit enim divum genus humanumque,
Perpetuo tamen id fore clam diffidere debet;
Quippe ubi se multi per somnia sæpe loquentes,
Aut morbo delirantes protraxe ferantur,
Et celata mala in medium et peccata dedisse.
(*De natura rerum*, liv. V, v 1148 sqq.)

Ces trois problèmes d'ailleurs sont susceptibles en fait d'être résolus séparément et successivement. De même en effet que le progrès moral peut être étudié indépendamment des autres formes du progrès qu'il conditionne et dont il est conditionné, de même aussi l'évolution de chacun des éléments de la moralité peut être sans doute considérée à part, malgré l'union étroite qui existe entre eux et l'influence réciproque qu'ils exercent les uns sur les autres, influence que nous aurons à signaler chemin faisant. Toutefois cela n'est vrai qu'à la condition d'observer l'ordre qui convient et, pour des raisons qui apparaîtront clairement par la suite, l'évolution de l'élément esthétique, qui a généralement devancé et préparé le progrès des deux autres éléments de l'idéal moral, devra faire tout d'abord l'objet de notre étude.

CHAPITRE II

ÉVOLUTION DE L'ÉLÉMENT ESTHÉTIQUE
LA PERFECTION INDIVIDUELLE

Ainsi qu'on l'a vu dans l'introduction de cet ouvrage, le double progrès intellectuel et sensible dont le progrès moral est fonction ne s'est point effectué d'une manière rigoureusement uniforme et parallèle, même chez les races les mieux douées et les plus favorisées par les circonstances auxquelles il était réservé d'atteindre le point culminant de la civilisation. Il en résulte que l'évolution de la moralité a dû nécessairement subir au cours des âges nombre d'arrêts, de régressions, de perturbations et de déviations dont quelques-unes sont encore manifestes non seulement chez certaines peuplades sauvages, chez certaines tribus barbares arrêtées et pour ainsi dire fixées à quelque stade inférieur de leur développement, mais même chez les nations les plus civilisées. Ces déviations multiples, une exposition succincte et en quelque sorte schématique ne saurait en rendre compte avec une rigoureuse exactitude ; mais il importe cependant de signaler les plus communes, les plus importantes et les plus intéressantes, ne fût-ce que pour suivre plus sûrement la direction générale du mouvement. Elles se rencontrent surtout au cours de l'évolution de l'élément esthétique qui offre un caractère plus complexe et participe à la fois de la sensibilité et de l'intelligence, alors que l'élément logique est presque exclusivement d'ordre intellectuel et l'élément sympathique presque uniquement d'ordre sensible.

L'élément esthétique de l'idéal moral n'étant en somme qu'une forme particulière du Beau dont il présente les caractères essentiels a dû nécessairement se confondre à l'origine avec la beauté sensible telle qu'on la concevait alors, pour s'en distinguer ensuite progressivement, mais sans cesser de suivre dans son évolution une marche sensiblement parallèle. Or des trois éléments constitutifs du Beau physique, grandeur, ordre et mesure, la grandeur est celui qui a joué primitivement le rôle prépondérant. C'est là une conjecture que l'on pourrait former *a priori* en s'appuyant sur des principes d'ordre psychologique, mais qui se trouve d'autre part entièrement confirmée par les faits. Il est incontestable en effet que l'art barbare est surtout caractérisé par la recherche du colossal et du monstrueux : c'est ce dont témoignent les idoles gigantesques de l'Inde, les lions ailés des palais assyriens aux dimensions énormes, le sphinx et les pyramides d'Égypte, les murailles cyclopéennes, le colosse de Rhodes, etc ; et l'ordre, lorsqu'il ne semble pas presque totalement absent, comme dans certaines œuvres étranges et troublantes du génie hindou, n'apparaît au début que sous la forme très simple d'une symétrie rigoureuse et quasi géométrique dont les bas-reliefs et les dessins en creux de l'antique Égypte et de l'Assyrie fournissent de remarquables exemples. Quant à la grandeur elle-même elle fut d'abord recherchée et appréciée sous sa forme *intensive,* qui intéresse exclusivement la sensibilité, avant de l'être sous sa forme *extensive,* qui suppose déjà une certaine compréhension de l'intelligence. Les sauvages comme les enfants sont surtout séduits par l'éclat des couleurs et des sons, auquel les animaux eux-mêmes semblent ne point demeurer totalement insensibles. Certains oiseaux (ambryonis inornata), paraît-il, aiment à orner leurs nids et même les alentours de leurs nids d'objets brillants, de fragments de verroterie, de plumes rouges ou jaunes. C'est par ce goût remarquable pour les couleurs vives que Darwin explique, grâce à la sélection sexuelle dont cette tendance constitue le principe, le plumage éclatant des espèces tropicales et les richesses splendides de la queue du paon. Il semble que le paon mâle, lorsqu'il fait la roue, provoque chez les femelles un certain plaisir mêlé d'admiration qui a vraiment quelque chose d'esthétique, et qu'il soit lui-même en quelque manière fier de se voir admirer. Chez d'autres espèces moins somptueusement vêtues, c'est le chant qui devient une cause de plaisir et d'admiration pour les femelles, de fierté pour les mâles ; Darwin parle encore de véritables tournois vocaux où pendant les nuits printanières, les rossignols mâles luttent en présences des femelles attentives jusqu'à complet épuisement et parfois même jusqu'à la mort de l'un des rivaux. On peut le dire sans métaphore: pour le paon la vertu c'est la splendeur de son plumage, pour le rossignol c'est l'éclat de sa voix. Pour l'homme primitif ce fut la stature (grandeur extensive) et la force (grandeur intensive), le plus souvent unies chez le même individu.

Aujourd'hui encore les hommes du peuple, comme les sauvages, s'inclinent avec une déférence toute particulière devant les manifestations de la force physique ; et dans les petites sociétés enfantines, le garçon robuste qui excelle aux exercices du corps est de la part de ses camarades l'objet d'une considération que n'obtient pas au

même degré l'enfant intelligent et studieux. Dans les
sociétés primitives, dont les sociétés enfantines nous
offrent en quelque sorte l'image, l'homme qui l'emportait
par la taille et par la force dut nécessairement exciter
chez ses compagnons un sentiment d'admiration mêlée de
crainte[1] dont la mémoire s'est conservée dans les légendes
des différents peuples (les Titans et les Cyclopes de l'antiquité grecque, les géants des romans de chevalerie et des
contes de fées). Le souvenir de ce stade inférieur de l'évolution morale est encore très vivant chez Homère dont les
poèmes offrent au point de vue qui nous occupe un intérêt
si considérable. Les héros, sous les traits desquels il
dépeint la vertu tel qu'il la conçoit, dépassent de toute la
tête leurs compagnons d'armes ; ils lancent à d'énormes
distances des quartiers de roche que quatre hommes ordinaires ne pourraient soulever. Les dieux chez lesquels le
poète réalise l'idéal de la nature humaine tel qu'on le concevait de son temps l'emportent incomparablement sur les
héros eux-mêmes par leur taille et par leur force musculaire : Mars en tombant couvre de sa masse énorme sept
arpents de terre et son cri retentit, formidable, comme la
clameur de dix mille hommes. Si Jupiter est le premier
des dieux c'est, entre autres raisons, parce qu'il l'emporte
incontestablement sur tous par la force supérieure dont il
se glorifie et à laquelle l'Olympe entier est obligé de
rendre hommage : il se vante, et nul n'ose mettre sa
parole en doute, de pouvoir tirer à lui sans effort une
chaîne à laquelle tous les dieux se seraient cramponnés,
avec la terre elle-même, ses fleuves, ses montagnes et le
vaste océan qui l'enserre.

---

1. Il importe de remarquer le caractère partiellement désintéressé de ce sentiment admiratif pour ne pas être tenté de faire la

Toutefois dès le temps même des poèmes homériques une première et importante transformation s'était opérée dans la conception de l'idéal à la fois esthétique et moral. Primitivement la beauté physique s'identifiait complètement avec la stature; mais plus tard elle comporta outre la grandeur, qui ne cessa pas, il est vrai, d'en constituer l'élément principal[1], la grâce, l'harmonie et la juste proportion des formes. Le poète a déjà des termes spéciaux pour désigner la beauté proprement dite, distincte de la grandeur, qu'il attribue à ses héros et, à un degré supérieur, à ses dieux. Achille est le plus beau des Grecs, quoiqu'il n'en soit peut-être pas le plus grand (il est surpassé, semble-t-il, à cet égard par le gigantesque Ajax); et Polyphème, malgré sa taille colossale, n'est pas beau parce qu'il est difforme et n'a qu'un œil au milieu du front. Mais la beauté, au sens nouveau qu'a pris le mot, n'en demeure pas moins avec la force, un élément essentiel de la vertu telle qu'on la conçoit désormais,

Nam facies multum valuit viresque vigebant[2].

part trop large au principe utilitaire dans l'origine et le développement de la moralité,

1. Cela est vrai même de la beauté féminine. Dans l'*Odyssée* il est dit que Nausicaa surpasse de toute la tête ses suivantes, comme Diane les nymphes qui l'accompagnent (*Odyssée*, ch. VI. v. 105, sqq.) ; et dans l'*Iliade* Agamemnon déclare que Briséis n'est inférieure à Clytemnestre ni par le corps, ni par la stature, ni par son intelligence, ni par son habileté aux travaux de son sexe.

ἐπεὶ οὔ ἕθεν ἐστὶ χερείων,
οὐ δέμας, οὐδὲ φυήν, οὔτ᾽ ἄρ φρένας, οὔτε τι ἔργα.
Iliade, ch. I, v. 114-15.

2. *De natura rerum*, liv. V, v. 109. Le contexte montre que facies signifie ici la *beauté* et non pas la *stature* :

Posterius res inventa est aurumque repertum
Quod facile et validis et *pulchris* dempsit honorem.

comme le remarque très justement Lucrèce. Les Grecs ne devaient arriver que très tard à éliminer complètement la beauté physique de l'idéal esthético-moral, et pour eux l'homme vertueux fut longtemps l'homme à la fois beau et bon (ὁ καλόκαγάθος). Aristote ne compte-t-il pas encore la beauté physique au nombre des éléments du souverain bien? D'ailleurs chez les barbares et les sauvages les plus grossiers eux-mêmes la beauté, distincte de la stature, ne semble point complètement étrangère à l'idéal esthético-moral : seulement, en raison de l'infériorité de leur sens esthétique, ils la cherchent beaucoup moins dans la grâce harmonieuse et l'exacte proportion des formes que dans les tatouages bizarres, les plumes et les ornements divers dont leurs guerriers aiment à se parer.

Force, grandeur, harmonie et proportion des formes ce sont là des qualités toutes corporelles et extérieures. Mais à ces divers facteurs de la moralité primitive, destinés à disparaître graduellement au cours de l'évolution, vint s'adjoindre de bonne heure un autre élément, élément d'ordre intérieur et psychologique, point de départ de ce progrès remarquable par lequel l'idéal esthético-moral se dégagea peu à peu et se distingua de l'idéal esthétique proprement dit. Cet élément nouveau, d'une importance plus grande et plus durable, c'est le courage qui ne fut d'abord, il est vrai, que le courage physique, l'intrépidité guerrière. Le courage sans doute se trouva le plus ordinairement uni à la force musculaire, dont il dépend dans une certaine mesure, mais sans lui être toutefois exactement proportionnel, et il arriva que l'homme courageux tenta des entreprises devant lesquelles hésitaient et reculaient des hommes plus robustes : ce fut désormais au courage qu'alla surtout l'admiration. Il est curieux de retrouver dans nos chansons de gestes, dans nos romans

de chevalerie et dans nos contes de fées, comme d'ailleurs
dans les légendes des différents peuples, le souvenir de ce
triomple éclatant du courage sur la force brutale. Chez
Homère même le véritable héros de l'*Iliade* ce n'est pas
Ajax, malgré sa taille gigantesque et sa force prodigieuse,
mais Achille, le plus brave des princes Achéens réunis
devant Troie. Quoi qu'il en soit, le courage devenu l'objet
principal de l'admiration des hommes fut dès lors la
vertu par excellence : le mot latin *virtus* (vir) ne signifie-t-il
pas originellement *courage* et le terme grec ἀρετή (Ἄρης,
Mars) ne désigne-t-il pas de même étymologiquement la
vertu propre du guerrier? Et aujourd'hui encore le courage n'est-il pas celle de toutes les vertus qui agit le plus
puissamment sur les masses? Il n'est guère d'hommes,
même parmi les intellectuels les plus purs, qui demeurent
totalement insensibles à cette espèce de fascination
qu'exerce toujours la bravoure, même et surtout quand
elle est poussée jusqu'à la témérité.

Mais de même que le courage triomphe souvent de la
force brutale, de même aussi la ruse vient quelquefois à
bout non seulement de la force mais du courage lui-même.
Elle devint donc, comme le courage lui-même, un objet
d'admiration et fut dès lors estimée, moins encore à cause
des avantages qu'elle assure dans la lutte qu'en raison
de la subtibilité et de la supériorité d'esprit qu'elle implique [1]. Les Grecs du temps d'Homère se complaisaient naï-
vement et sincèrement aux expédients, souvent peu scru-
puleux, de l'artificieux fils de Laërte, comme nos aïeux
aux méchants tours que maître Renart joue à son compère
Ysengrin, comme nos enfants aujourd'hui encore se com-

---

1. J'appelle de nouveau l'attention du lecteur sur le caractère
vraiment esthétique et conséquemment désintéressé de cette admiration.

plaisent aux ruses, pas toujours innocentes, du Petit Poucet ou du Chat Botté. L'admiration dont la ruse fut ainsi l'objet, en déterminant son intrusion au sein de l'idéal esthético-moral qui commençait à se former [1], fut l'origine d'une déviation dont le retour en plein xvie siècle, au sortir de la période héroïque du moyen âge devait inspirer à Machiavel les théories célèbres du *Prince*. Cette déviation nous la trouvons d'ailleurs actuellement encore fixée chez la plupart des sauvages et particulièrement chez les Peaux-Rouges où elle ne comporte point l'exclusion de la bravoure. Certes ceux-ci ne manquaient point de courage, comme le prouve l'impassibilité vraiment prodigieuse de ces prisonniers de guerre qui narguaient leurs bourreaux au milieu des supplices les plus atroces ; mais néanmoins, au dire unanime de tous les voyageurs qui les ont fréquentés, ils n'attaquaient jamais de face et en plein jour, même quand ils l'auraient pu sans danger ; ils se complaisaient aux embuscades, aux surprises nocturnes ; ils tenaient moins peut-être au profit même de la victoire qu'à la réussite de leurs embûches ; et c'est dans le triomphe de ruses habilement ourdies que les chefs mettaient principalement leur orgueil.

Toutefois, si la ruse est quelquefois l'auxiliaire de la force et du courage véritable, comme on le voit particulièrement chez Ulysse, le plus souvent elle est la ressource des lâches et des faibles. C'est ce qui la fit proscrire de bonne heure, sinon de la conduite humaine, du moins de l'idéal esthético-moral, en même temps que le mensonge et la fourberie qui en sont les instruments les plus ordi-

1. Athéné elle-même se complaît chez Homère à ourdir des ruses que réprouverait notre morale actuelle. Voir aussi la supercherie remarquable dont Héra se rend coupable vis-à-vis de Zeus. (*Iliade*, ch. xiv.)

naires. « Il m'est odieux, autant que les portes de l'Hadès, s'écrie Achille, celui qui cache une chose dans son âme et en dit une autre[1]. » Le mensonge fut ainsi répudié au nom de la force et du courage comme un signe de faiblesse et un témoignage de lâcheté, avant de l'être au nom de la sagesse, comme impliquant une contradiction et comme incompatible avec les conditions de la vie sociale. Il en fut de même du parjure, qui n'est en somme qu'une forme du mensonge particulièrement grave. Si chez nous le « vous en avez menti » appelle si impérieusement une réparation par les armes, c'est sans doute parce que cette insulte comporte au fond une accusation de lâcheté dont l'offensé doit avoir à cœur de se laver.

De la ruse, fourbe, astucieuse et ordinairement lâche, désormais condamnée, se dégagea et se sépara progressivement la prudence qui, comme la ruse, est intelligente et ingénieuse, qui prévoit et pourvoit, qui pèse ses paroles et calcule ses actes, mais sans avoir recours à des moyens déloyaux, la prudence qui ne s'expose point aveuglément et inutilement au danger, mais sait l'affronter courageusement quand il est nécessaire, et ne fait point appel au mensonge pour s'y dérober. Cette prudence, première victoire de la réflexion naissante sur l'impulsivité primitive, se présenta tout d'abord comme un résultat de l'expérience acquise au cours des années, et fut dès lors regardée comme un privilège de l'âge. De là la considération toute particulière dont jouit auprès des princes achéens le sage Nestor, qui a vécu trois âges d'hommes : l'impétueux Achille et l'orgueilleux Agamemnon lui-même le consultent et l'écoutent avec respect. Si Poséidon est obligé de

---

1. Ἐχθρὸς γάρ μοι κεῖνος ὁμῶς Ἀΐδαο πύλῃσιν
Ὅς χ' ἕτερον μὲν κεύθῃ ἐνὶ φρεσίν, ἄλλο δὲ εἴπῃ.
Iliade, ch. IX, v. 313-14.

reconnaître la supériorité de Zeus, ce n'est pas seulement parce que celui-ci est le plus fort, mais c'est aussi « parce qu'il est son aîné et sait plus de choses[1] ». De même Ulysse, cherchant à persuader Achille de renoncer à sa colère, lui adresse ces paroles : « Tu es plus fort que moi, et tu l'emportes de beaucoup quand il s'agit de manier la lance; mais, du moins, je te suis de beaucoup supérieur par la sagesse, parce que je suis plus âgé que toi et connais plus de choses[2]. » C'est dans la constatation de cette sagesse et de cette prudence supérieures, acquises au cours de l'expérience, qu'il faut chercher l'origine de ce respect dont la vieillesse a coutume d'être entourée chez les peuples qui commencent à sortir de la barbarie ou de la sauvagerie originelle. Ce n'est pas seulement à Sparte que la vieillesse était l'objet d'une vénération toute spéciale. A la Nouvelle-Calédonie, comme chez les Peaux-Rouges, il existait des conseils de vieillards, dont l'avis était demandé et écouté le plus souvent avec déférence par les chefs eux-mêmes. Primitivement, c'est surtout parmi les vieillards que furent choisis les prêtres (πρεσϐύτεροι), dont l'influence, due communément à la sagesse supérieure qui leur était attribuée[3], fut partout et toujours considérable, et devint, en certains temps et en certains lieux, prépondérante, dans la théocratie égyptienne, par

1.   Ζεὺς πρότερος γεγόνει καὶ πλείονα ἤδη.
                              Iliade, ch. XIII, v. 355.

2.   κρείσσων εἴς ἐμέθεν καὶ φέρτερος οὐκ ὀλίγον περ
        ἔγχει, ἐγὼ δὲ κε σεῖο νοήματί γε προϐαλοίμην
        πολλόν, ἐπεὶ πρότερος γενόμην καὶ πλείονα οἶδα
                              Iliade, ch. XIX, v. 217-220.

3. Dans les lois de Manou il est dit : « un brahmane âgé de dix ans et un kchatrya parvenu à l'âge de cent années doivent être considérés comme le père et le fils : c'est le brahmane qui est le père » (liv. II, v. 135).

exemple, dans l'Inde brahmanique, chez nos ancêtres les Gaulois, etc.

La modération est au fond une forme de la sagesse, comme la mesure et la proportion sont des formes de l'ordre. Ce même progrès de la réflexion, qui mit la sagesse au premier rang à côté du courage, amena du même coup celui-ci à triompher de son impétuosité originelle, à se transformer partiellement en fermeté, en patience, en force d'âme, en maîtrise de soi. « Périsse la colère, s'écrie Achille lui-même, la colère qui trouble le plus sage et qui, plus douce que le miel liquide, se gonfle comme la fumée dans la poitrine des hommes [1] » Mais c'est surtout dans l'*Odyssée*, notablement postérieure à l'*Iliade*, que ces vertus nouvelles, prudence et circonspection, patience et modération, tendent à s'affirmer davantage et parviennent même à conquérir la prééminence. Ulysse, au second plan dans l'*Iliade*, passe ici au premier. Dans le conflit fameux qui le mit aux prises avec le fils de Télamon, au sujet des armes d'Achille, sa sagesse et l'ingéniosité de son esprit aux ressources inépuisables, ont triomphé, devant l'assemblée des Grecs, du courage et de la force du gigantesque Ajax. Il est toujours l'artificieux Ulysse, à l'esprit subtil, fécond en expédients et en ruses (πολύμητις, πολυμήχανος, ποικιλομήτης); mais il est aussi le circonspect, le prudent, le patient Ulysse (δαΐφρων, ἐχέφρων, πολύτλας), inébranlable dans sa résolution de revoir Ithaque, dédaigneux de l'amour de Calypso et des délices d'Ogygie, sourd à la voix enchanteresse des sirènes, insensible aux séductions de Circé, capable de se maîtriser et d'attendre patiemment l'heure du châtiment, en face des prétendants qui l'insultent, pillent sa demeure, vident ses celliers,

---

1. *Iliade*, ch. xviii, v. 107-110.

ravagent ses biens, mettent à mal ses servantes, poursuivent sa femme de leurs importunités, raillent et menacent son fils bien-aimé.

Dès les temps homériques, l'idéal esthético-moral avait donc réalisé de remarquables progrès en s'enrichissant graduellement d'éléments d'ordre intérieur et psychologique, le courage, la sagesse pratique, la patience, la force d'âme et la modération. Toutefois, les éléments extérieurs et purement physiques, force, stature, beauté conservaient encore leur valeur propre, et c'est ce qui permet de comprendre l'importance, souvent prééminente, que prit un autre élément d'ordre extérieur, la puissance. La puissance eut son origine dans l'union chez le même individu de la force, du courage et parfois aussi de la sagesse : objet d'admiration autant que de crainte, l'homme supérieur chez qui ces qualités se trouvèrent réunies à un degré éminent groupa autour de lui, grâce au prestige qu'il exerçait, un nombre plus ou moins considérable de guerriers qui se reconnurent comme ses subordonnés. L'importance de la puissance s'accrut graduellement par la transmission héréditaire des vertus auxquelles elle devait son origine pendant une suite plus ou moins longue de générations, de telle sorte qu'elle arriva à dominer dans l'idéal esthético-moral, comme dans la réalité, la sagesse, le courage et la force individuelle. Ce résultat apparaît déjà très clairement dans l'*Iliade* : si Agamemnon est choisi pour diriger l'expédition contre Troie, s'il réussit à imposer son autorité à Ajax comme à Diomède, à Ulysse comme à Nestor, et jusqu'à un certain point à Achille lui-même, qui n'ose pas tirer l'épée contre lui, ce n'est point qu'il soit le plus fort, le plus sage ou le plus brave ; mais il est supérieur à tous parce qu'il est le roi le plus puissant (βασιλεύτατος) et « commande à un plus grand nombre d'hommes[1] ». Dans d'autres temps et sous d'autres cieux, la puissance acquit une prépondérance bien plus remarquable encore : elle fut réellement la vertu suprême, la vertu par excellence, au point de conférer sous une forme éminente toutes les autres vertus à celui qui en était investi et qui devint l'objet d'une sorte de culte superstitieux, comme on peut le constater aisément dans les petites monarchies nègres de l'Afrique, aussi bien que dans les grands empires de l'Orient. Aussi bien dans notre France l'imagination populaire se plut longtemps à parer la personne royale d'une auréole de qualités quasi-divines, depuis la beauté physique jusqu'à la sainteté ; et même, à notre époque de civilisation avancée et de démocratie à outrance, l'homme qui détient accidentellement le pouvoir, grâce aux fluctuations de la politique, ne semble-t-il pas acquérir *ipso facto*, aux yeux de bien des gens, une vertu supérieure et une quasi-infaillibilité, que nul auparavant n'aurait été tenté de lui reconnaître ?

On s'étonnera moins de voir la puissance prendre place au premier rang dans l'idéal esthético-moral, si l'on considère qu'elle est une forme éminente de la force qui fut, comme on l'a vu, la vertu primordiale. Il n'en fut pas autrement de la richesse, compagne ordinaire de la puissance, et qui devint elle-même ultérieurement une puissance, grâce au prestige et à la séduction qu'elle exerça sur les esprits. C'est ce qu'a fort bien compris Lucrèce :

> Posterius res inventa est aurumque repertum
> Quod facile et validis et pulchris dempsit honorem.

---

1.   εἰ δὲ σὺ κάρτερός ἐσσι.....
    ἀλλ'ὅγε φέρτερός ἐστιν, ἐπεὶ πλεόνεσσιν ἀνάσσει.
                                    Iliade, ch. ι, v. 280-81.

Divitioris enim sectam plerumque sequuntur
Quam lubet et fortes et pulchro corpore creti[1].

Aristote, lui-même, compte encore la richesse ainsi que la puissance, au nombre des éléments du souverain bien, et les considère, sinon comme des vertus, du moins comme des conditions de l'exercice des vertus pratiques.

La transmission héréditaire de la puissance et de la richesse, plus régulière et plus constante que celle de la force, du courage ou de la sagesse, contribua fort sans doute à confirmer et à assurer le principe de l'hérédité des vertus sur lequel repose le régime des castes. Ce régime, partout où il réussit à se constituer solidement, dans l'Inde, en Egypte, en Perse, au Pérou, consacra effectivement la subordination idéale du courage à la sagesse, et de la sagesse à la puissance: il plaça le roi tout au sommet de la hiérarchie au-dessus des prêtres, en qui réside la sagesse, et plus encore au-dessus des guerriers, dont la bravoure est l'apanage. Cette apothéose de la puissance, tout en constituant une déviation dont l'influence devait longtemps se faire sentir, et subsiste encore aujourd'hui dans une grande partie du globe, ne laissa pas toutefois d'être à certains égards favorable au développement ultérieur de la moralité. Dans l'Inde, en particulier, c'est au sein de la caste sacerdotale que le progrès s'accomplit. Etrangers à la guerre, de plus en plus éloignés de la conduite des affaires, à laquelle ils avaient part à l'origine, par la jalousie ombrageuse du pouvoir, les brahmanes ne renoncèrent point à la puissance, au courage et à la sagesse ; mais ils s'habituèrent peu à peu à placer la véritable puissance dans l'empire que l'âme exerce sur ses passions, le vrai courage dans la patience et le mépris de

1. *De naturâ rerum*, liv. V, v. 110-113.

la douleur, la sagesse suprême dans la science spéculative dont ils embrassèrent l'étude avec ardeur, et à laquelle ils firent faire ses premiers pas. Ils en arrivèrent ainsi naturellement au mépris des grandeurs, des richesses, de la force physique et de la beauté ; l'idéal esthético-moral se dépouilla graduellement de tous ses éléments extérieurs pour prendre un caractère tout intime ; de nouvelles vertus prirent naissance, que les âges antérieurs n'avaient point connues et ne pouvaient connaître : la résignation, le renoncement, l'humilité, la continence absolue, le mépris, sinon le pardon, des injures. Qu'il est loin de l'idéal homérique ce portrait que, dans le Baghâvad-Gîtâ, Vichnou lui-même nous fait du sage, tel que le concevait le Brahmanisme ! « Quand il a chassé tous les désirs, quand il est inébranlable dans les revers, exempt de joie dans le succès ; quand il a banni les amours, les terreurs, la colère, il est dit alors solitaire, ferme en la sagesse. — Si, comme la tortue ramène à elle tous ses membres, il soustrait ses sens aux objets sensibles, en lui la sagesse est affermie.— L'homme égal envers ses amis et ses ennemis, égal aux honneurs et à l'opprobre, égal au chaud et au froid, au plaisir et à la douleur, exempt de désirs, égal au blâme et à la louange, silencieux, toujours satisfait, ferme en sa pensée, mon serviteur fidèle est un homme qui m'est cher. »

Cette remarquable conception de l'idéal esthético-moral, qui présente de singulières analogies avec celle que devait plus tard s'en former le Stoïcisme, était à certains égards l'expression d'un véritable progrès. A un autre point de vue, cependant, par le caractère tout passif qu'elle tend manifestement à attribuer à la vertu, elle constituait par elle-même une déviation qui alla s'accentuant, d'une part par la glorification de la vie purement contemplative, et, d'autre part, par les pratiques devenues habituelles de l'ascétisme le plus rigoureux. Pendant que les uns ramenaient la vertu tout entière à l'étude et à la méditation du Rig-Véda, d'autres cherchèrent la perfection dans le jeûne, la pénitence, les macérations, les flagellations et toutes sortes de tortures volontaires. On ne se contenta plus de mépriser la douleur : par une exagération naturelle et inévitable on la rechercha à plaisir, pour mieux affirmer aux yeux des autres, comme à ses propres yeux, le dédain que l'on avait pour elle. Le brahmane dut se condamner au silence, fuir le monde, se retirer au milieu des forêts, s'exposer aux rayons ardents du soleil, se rouler tout nu sur la terre nue, ou se tenir tout un jour debout sur la pointe des pieds. C'est à cette secte de brahmanes qu'appartenaient sans doute ces sages, rencontrés sur les bords de l'Indus, auquel les Grecs d'Alexandre donnèrent le nom significatif de gymnosophistes (sages nus), et dont l'un, appelé Calanus, offrit à l'armée du conquérant un spectacle aussi extraordinaire qu'effroyable, en se faisant brûler publiquement sur un bûcher élevé au milieu du camp[1]. D'ailleurs ces exagérations mêmes, dont les siècles futurs ne devaient pas être exempts[2], ne furent pas sans profit pour le progrès de la moralité considérée dans son ensemble. Les pratiques ascétiques, en mortifiant l'égoïsme, préparèrent ce magnifique élan de pitié et de charité universelles, dont le Bouddhisme, ce produit naturel et spontané du Brahmanisme, nous offre le merveil-

1. Au premier siècle de notre ère ce même spectacle fut offert, dit-on, au cours des jeux olympiques par le cynique Peregrinus; et de notre temps, au Thibet, sanctuaire du Bouddhisme, des religieux exaltés le proposent encore quelquefois au pieux enthousiasme des fidèles accourus de toutes parts.

2. On les retrouve encore aujourd'hui chez les Fakirs de l'Inde, ces descendants des gymnosophistes.

leux spectacle. Alors, comme plus tard, l'évolution même
de l'élément esthétique si inconsidérement négligé par
nombre de philosophes contemporains, fut la cause principale des plus magnifiques progrès de l'élément sympathique.

La race hindoue était prédisposée à toutes les exagérations morales par la nature particulière de son génie, plus
amoureux de la grandeur que soucieux de la proportion
et de l'ordre, comme en témoignent le chaos grandiose de
ses poèmes sans fin, les dimensions colossales de ses
étranges et monstrueuses idoles, le fouillis merveilleux
des sculptures de rêve qui ornent les piliers et les parois
de ses énormes temples souterrains. La Grèce, au contraire, qui en toutes choses rechercha avant tout l'ordre,
la mesure et la proportion, devait se garder de tels excès,
au moins aux beaux jours de son histoire et tant qu'elle
demeura pure de tout contact avec l'Orient. C'est chez
cette nation privilégiée que l'idéal moral, comme l'idéal
esthétique, devait revêtir sa forme la plus pure, la plus
sereine et la plus harmonieuse. Elle ne connut guère les
excès et l'apothéose de la puissance, qui n'y joua qu'un
rôle éphémère; les monarchies primitives s'effondrèrent
de bonne heure sur le sol de l'Hellade, et le régime des
castes ne réussit jamais à s'y implanter. L'évolution commencée dès les temps homériques s'y poursuivit donc
lentement et régulièrement. La prééminence de la sagesse
sur le courage, déjà parfaitement sensible dans l'*Odyssée*,
alla s'affermissant, sans que toutefois celui-ci vît sa valeur
propre méconnue; les sages succédèrent aux héros dans
l'admiration publique, sans cependant faire oublier le glo-
rieux souvenir de leurs exploits, soigneusement entretenu
par la tradition et par les chefs-d'œuvre de l'art. Chefs
d'État, législateurs ou citoyens influents, les sages que

l'on a depuis appelés *gnomiques*, Thalès, Pittacus, Bias, Solon, Cléobule, Chilon, Périandre, puisèrent dans une réflexion déjà plus mûre, appliquée à la conduite des hommes et à la pratique des affaires, cette prudence dont ils se plurent à formuler les conseils en de brèves sentences (γνώμη, d'où leur nom) fortement empreintes, comme il était naturel, de l'esprit utilitaire. A cette époque particulièrement troublée où, dans les diverses cités helléniques, les révolutions succédaient incessamment aux révolutions, où la tyrannie, l'aristocratie et la démocratie allaient se renversant tour à tour, la puissance et la richesse, devenues éphémères et dangereuses, perdirent en grande partie leur prestige aux yeux des plus clairvoyants. La sagesse, qui apprend à se servir de la fortune, comme aussi à s'en passer au besoin, apparut dès lors comme le premier des biens, parce qu'elle est le plus durable, le moins exposé aux vicissitudes du sort. « Pendant que vous êtes jeunes, disait Bias de Priène, faites-vous de la sagesse un viatique pour la vieillesse, car c'est là le moins fragile de tous les biens. » Et cette sagesse, on la fit consister surtout dans la modération des désirs et dans la constance d'une âme maîtresse d'elle-même au sein de la bonne comme de la mauvaise fortune. « Les plus belles victoires sont celles qui ne coûtent point de sang, disait Pittacus; on les remporte sur soi-même. » — « Soyez modestes dans la prospérité, fermes dans le malheur », s'écriait Périandre. — « Ne sois ni fier dans la prospérité, ni trop humble dans l'adversité », répétait de son côté Cléobule de Sparte, à qui l'on rapporte aussi cette formule qui devait plus tard servir de base à la morale pratique d'Aristote : « La juste mesure est ce qu'il y a de meilleur, μέτρον ἄριστον ». La réponse que, suivant Hérodote, Solon fit à Crésus qui lui vantait sa prospérité

inouïe, exprime fort exactement le caractère spécial de la
morale des gnomiques. « O roi des Lydiens, nous avons
reçu en partage de la divinité, nous autres Grecs, toutes
choses en une moyenne mesure ; notre sagesse surtout est
ferme, simple et pour ainsi dire populaire ; elle n'a rien
de royal ni de splendide ; son caractère c'est cette médio-
crité même. En nous faisant voir la vie humaine, agitée
par des vicissitudes continuelles, cette sagesse ne nous
permet ni de nous enorgueillir des biens que nous pos-
sédons, ni d'admirer chez les autres une félicité que le
temps peut détruire. »

La morale hellénique devait conserver longtemps ce
sentiment de la juste mesure en toutes choses inspiré par
le génie propre de la race autant que par la considération
des vicissitudes de la vie ; mais elle perdit peu à peu,
grâce au progrès de la spéculation, le caractère nettement
utilitaire qu'elle avait provisoirement revêtu chez les gnomiques, et qui se retrouve sous une forme si remarquablement analogue chez Confucius et les moralistes chinois,
arrêtés et fixés à ce stade particulier de l'évolution [1].
Chez les philosophes qui succédèrent aux sages, comme les
sages avaient eux-mêmes succédé aux héros, l'horizon intellectuel s'élargit et la sagesse pratique se trouva désormais
subordonnée à la science spéculative qui envisage les choses
sous la forme désintéressée de l'universel. Ainsi se constitua l'idéal socratique et platonicien qui est dans l'histoire
de la moralité ce que sont dans l'histoire de l'art le

1. De même en effet que les formes transitoires de l'évolution
organique se trouvent parfois fixées chez certaines espèces animales, de même aussi les formes transitoires de l'évolution morale
chez certains peuples : la force brutale chez les Australiens, la ruse
chez les Peaux-Rouges, la puissance chez les tribus nègres de
l'Afrique, la vertu ascétique avec tous ses excès chez les Fakirs
hindous.

Parthénon et la Minerve de Phidias; l'Electre et l'Œdipe-roi de Sophocle, c'est-à-dire la plus pure manifestation de l'esprit hellénique. Le Beau moral fut conçu à l'instar du Beau physique, qui n'en est d'ailleurs, pour Platon, que l'expression sensible, comme une harmonie, comme une combinaison en de justes proportions de la grandeur qui fait le héros, de la mesure qui caractérise le sage et de l'ordre propre à l'esprit philosophique, ou, en d'autres termes, de courage, de tempérance et de science, avec la justice comme conséquence naturelle.

Après Sophocle et Phidias l'idéal esthétique ne pouvait plus se perfectionner en quelque manière qu'en se déformant pour accroître sa puissance expressive, qu'en faisant une part plus large au sentiment et à la passion au détriment de sa beauté sereine. De même, après Socrate et Platon, l'idéal moral ne pouvait plus progresser qu'en devenant de plus en plus intérieur, qu'en se concentrant sans cesse davantage, au risque de perdre son caractère harmonieux, au prix de déviations regrettables à certains égards, mais au demeurant nécessaires pour assurer l'avènement de l'amour sous sa forme la plus complète et la plus universelle. Ces déviations se produisirent, comme autrefois dans l'Inde, dans la double direction de la vie purement contemplative et de l'ascétisme. La première, à vrai dire, était déjà en germe dans l'idéal socratique et platonicien. Cet idéal, qu'Epaminondas tenta de réaliser après Socrate, était sans doute pratique en même temps que spéculatif; mais il tendait toutefois à subordonner à la science, qui est la vertu même, le courage, la tempérance et la sagesse pratique qui, chez le philosophe, ne sont que des espèces et des formes particulières de la vertu et, chez l'homme non philosophe, réduit à l'opinion vraie, des imitations de la vertu véritable. Cette tendance s'ac-

centua nettement chez Aristote. Certes la morale aristo-
télicienne est en un sens éminemment large et compré-
hensive : par une synthèse supérieure elle fait rentrer
dans le souverain bien les éléments extérieurs, constitutifs de l'idéal primitif, qui en avaient été plus ou moins
formellement éliminés par Platon : la puissance et la
richesse, la force, la santé et la beauté physique ; mais
elle subordonne ces éléments extérieurs aux vertus pratiques, courage, tempérance, prudence, dont ils sont
surtout considérés comme des conditions, la force et la
santé étant des conditions de l'exercice du courage, sinon
du courage lui-même, la puissance et la richesse des conditions de l'exercice de la tempérance comme de la libéralité ; et au-dessus des vertus pratiques elles-mêmes, elle
place la vertu spéculative, la science, dont la forme
suprême est la contemplation. Cette déviation vers la vie
contemplative, encore contenue dans des limites raison-
nables par le génie prudent de la Grèce, devait aboutir
avec les Néo-platoniciens de l'école d'Alexandrie à la glorification de l'extase.

Pour Plotin comme pour son prédécesseur Philon le Juif,
comme pour ses successeurs, Porphyre, Jamblique, etc.,
les éléments extérieurs, les éléments sensibles et matériels
de l'idéal esthético-moral ne sont plus que des obstacles
qu'il importe avant tout d'écarter ; les vertus pratiques
elles-mêmes, dites maintenant vertus purificatives, ne
sont plus que des moyens et des auxiliaires pour s'élever
aux hauteurs sublimes et vertigineuses de l'extase, où
l'âme ne contemple pas à proprement parler le Bien,
en lui-même inaccessible à l'intelligence, mais s'identifie
complètement et absolument avec lui. Cette extase des
Alexandrins est, à vrai dire, le terme d'une déviation ascétique, autant et plus que de la déviation contemplative,

puisque ses joies suprêmes étaient obtenues par des pratiques ascétiques, par le détachement absolu des choses extérieures, par le jeûne et les mortifications de toute nature. L'influence de l'Orient est ici manifeste. Mais il est incontestable néanmoins que le monde gréco-romain était entré de lui-même dans une voie fort semblable à celle de l'ascétisme oriental par une concentration progressive de l'idéal moral, par une marche continue de l'extérieur à l'intérieur, dont la prééminence accordée à la vie contemplative n'avait été qu'une étape. Ce qui d'après Aristote constitue surtout la supériorité de la contemplation sur toutes les autres vertus, ce qui en fait l'élément principal du souverain bien, c'est son caractère essentiellement intime, son indépendance presque complète vis-à-vis des conditions extérieures (τῆς ἐκτος χορηγίας) : le courage a besoin de la force physique pour se produire ; la tempérance comme la libéralité ont besoin de la richesse pour se manifester réellement ; la prudence ne trouve à s'exercer que dans la vie sociale ; mais la contemplation se suffit à elle-même : elle est αὐτάρκης[1]. Or il y a quelque chose de plus intime, de plus profond que l'intelligence, que l'entendement pur lui-même, c'est la volonté ; il y a quelque chose de plus indépendant des circonstances extérieures que la science contemplative, c'est la fermeté de l'âme. Tel fut en réalité le principe qui présida au développement logique du Stoïcisme depuis Zénon jusqu'à Épictète. Les éléments extérieurs du souverain bien, puissance, gloire, richesse, force, santé,

---

1. τῷ μὲν γὰρ ἐλευθερίῳ δεήσει χρημάτων πρὸς τὸ πράττειν τὰ ἐλευθέρια τῷ δ᾽ ἀνδρείῳ δὲ δυνάμεως, εἴπερ ἐπιτελεῖ τι τῶν κατὰ τὴν ἀρετήν, καὶ τῷ σώφρονι ἐξουσίας· τῷ δὲ θεωροῦντι οὐδενὸς τῶν τοιούτων, πρὸς γε τὴν ἐνέργειαν χρεία. (Morale à Nicomaque, liv. X, ch. VIII.)

beauté, considérés désormais comme choses indifférentes, sont formellement éliminés de l'idéal esthético-moral, dont l'harmonie est rompue au profit de la grandeur et au détriment de la mesure ; le courage, la tempérance et la sagesse, encore envisagés au début comme des conséquences et des effets de la science spéculative, sont rapportés de plus en plus à la force, à l'énergie intime de l'âme, tendue tout entière dans une concentration croissante qui a pour terme l'impassibilité absolue. Assurément le rigorisme stoïcien, susceptible d'ailleurs dans la pratique d'atténuations multiples et de concessions qui ne laissent pas de nous surprendre[1], n'était pas tout à fait de l'ascétisme, et l'on ne voit pas que les philosophes du Portique aient jamais recommandé expressément le jeûne, les privations et les souffrances volontaires. Mais il conduisait néanmoins à l'ascétisme, car du mépris à la recherche spontanée de la douleur il n'y a qu'un pas, aisément franchi par l'enthousiasme. Il le fut en fait par le Pythagorisme, d'origine vraisemblablement orientale, mais qui, depuis longtemps éteint, reprit spontanément une nouvelle vie à la faveur des circonstances et de l'état des esprits et recruta fréquemment ses adhérents parmi les disciples les plus zélés du Portique : les Néo-pythagoriciens, déjà nombreux à Rome du temps de Tibère, s'abstenaient rigoureusement de la chair des animaux ainsi que du vin, et menaient une vie dont l'austérité séduisit d'abord l'ardeur enthousiaste de Sénèque.

L'Occident marchait donc spontanément au-devant de

---

1. Sénèque par exemple qui était l'un des plus riches patriciens de son temps admet que le sage jouisse des biens de la fortune à la condition « de les posséder au lieu d'en être possédé »; et Chrysippe lui-même va jusqu'à déclarer que le sage, pour un talent, baisera trois fois le sol.

l'Orient, où les pratiques ascétiques dès longtemps existantes se répandaient de plus en plus ; et dans le monde gréco-romain tout entier les esprits se trouvaient admirablement disposés à recevoir les enseignements du Christianisme qui, né de tendances ascétiques, proposait aux hommes un idéal en conformité avec ces tendances. Le Stoïcisme avait proclamé que la richesse et la pauvreté, la gloire et l'opprobre, la beauté et la laideur, la santé et la maladie, le plaisir et la douleur sont choses indifférentes. Désormais la pauvreté vaut, décidément mieux que la richesse : Jésus, en qui s'incarne le nouvel idéal, naît sur la paille, dans une étable. L'opprobre vaut mieux que la gloire : Jésus, raillé et bafoué, meurt sur la croix entre deux larrons. La laideur vaut mieux que la beauté : Tertullien, après saint Clément d'Alexandrie, s'efforce de prouver que le Christ était laid [1]. La maladie vaut mieux que la santé : « Bienheureux ceux qui souffrent ». La tristesse vaut mieux que la joie : « Bienheureux ceux qui pleurent ! » Bien plus, la vertu reconquise vaut mieux que l'innocence conservée : « Il y a plus de joie dans le ciel pour un pécheur qui se convertit et fait pénitence que pour cent justes qui persévèrent ». Et, ce que l'esprit grec n'aurait sans doute jamais conçu spontanément, l'ignorance vaut mieux que la science, la simplicité d'esprit vaut mieux que les plus beaux dons de l'intelligence : « Bienheureux les pauvres d'esprit ! » Comme autrefois dans l'Inde, l'humilité devient la première des vertus : « En vérité je vous le dis, si vous ne vous faites aussi petits que ce petit enfant, vous n'entrerez point dans le royaume des Cieux. » Étrange renversement de l'idéal esthético-moral que l'on ne saurait trop amèrement

1. Tertullien, *de Carne Christi*, 9.

déplorer, s'il n'avait été compensé par cette incomparable explosion d'amour et de charité qui en fut la conséquence[1] !

Dans tout ce qui précède il n'a guère été tenu compte
du rôle des religions, dont l'influence sur la moralité
a souvent été fort exagérée, en bien comme en mal, par
les penseurs des diverses écoles, depuis le vers fameux de
Lucrèce :

Tantum relligio potuit suadere malorum[2] !

C'est que la religion n'est en somme que l'expression
de l'état moral d'un peuple à un moment déterminé de
son histoire ; et le triomphe d'une religion nouvelle n'est
que l'indice d'une importante révolution dans les mœurs
et d'une transformation de l'idéal. A des peuples cruels et
sanguinaires, comme les Dahoméens ou les Fidgiens, il
faut des dieux altérés de sang, avides d'holocaustes
humains ; chez des peuples enclins à l'adoration du pouvoir, comme les Orientaux, l'attribut essentiel de la divinité est la puissance mystérieuse et fatale ; c'est la beauté
pour un peuple essentiellement artiste comme le peuple
grec au temps de Sophocle et de Phidias ; c'est l'amour
enfin chez les nations où s'est allumée la flamme de la
charité. Les religions nouvelles, lors de leur apparition,
rendent le service de fixer et de répandre progressivement
dans les masses un idéal moral supérieur à celui du
culte qu'elles remplacent. D'autre part, en vertu de leur
caractère essentiellement traditionnaliste, elles se maintiennent d'ordinaire sous leur forme primitive alors que
s'est déjà transformé, au moins chez l'élite, l'idéal qui a

---

1. Voir plus loin : *Évolution de l'élément sympathique*, ch. IV.
2. *De naturâ rerum*, liv. I, v. 95.

présidé à leur naissance. Elles peuvent donc au bout d'un
temps plus ou moins long devenir une entrave au progrès ;
mais en revanche elles opposent souvent une utile bar-
rière aux tentatives téméraires et capricieuses de l'esprit
de nouveauté qui ne correspondent pas à un progrès réel.
Il en est du progrès moral comme du progrès dans l'ordre
politique ou esthétique : la résistance continue des uns ne
lui est pas moins nécessaire que la poussée incessante des
autres. Sans la résistance salutaire de l'esprit conserva-
teur, le mouvement politique aboutirait bien vite à
l'anarchie, l'art se perdrait dans les bizarreries et l'extra-
vagance, la moralité, rompant avec la tradition qui la
soutient, manquerait désormais de base et s'effondrerait
d'elle-même : tout l'effort des générations antérieures se
trouverait perdu et l'œuvre tout entière serait à recom-
mencer. Et c'est pourquoi il est singulièrement dangereux de chercher à précipiter artificiellement la ruine des
religions, en qui s'affirme si puissamment l'esprit conser-
vateur et traditionnaliste, avant qu'à la faveur de l'antique
idéal qu'elles représentent, se soit constitué solidement
un nouvel idéal : c'est vouloir, en conducteur téméraire,
briser inconsidérément le frein qui est nécessaire cependant pour empêcher la machine du progrès de dérailler
dans sa course sans cesse accélérée et de rouler aux
abîmes.

Ce rôle de principe modérateur, commun à toutes les
religions, devait être dans l'avenir celui du Christianisme.
Mais au lendemain de son établissement définitif la religion nouvelle eut beaucoup moins à régler le progrès qu'à
atténuer des régressions que le triomphe de la barbarie
rendait inévitables. Grâce aux enseignements de l'Eglise
et à l'action exercée par les croyances religieuses, l'idéal
ascétique de douceur, de résignation, de renoncement,

de pauvreté, de chasteté et d'humilité, trouva du moins au fond des cloîtres qui s'élevèrent de toutes parts un constant asile, et quelques lueurs de charité ne cessèrent pas d'illuminer çà et là la nuit profonde dans laquelle l'Occident se trouva pour longtemps plongé. Toutefois les vertus chrétiennes ne réussirent guère tout d'abord à s'imposer à la masse des conquérants qui acceptaient les pratiques du culte nouveau sans se pénétrer profondément de son esprit. L'idéal barbare de la force brutale, du courage, de l'audace et de l'orgueil indomptable se maintint en face de l'idéal monastique, jusqu'au jour où la conciliation s'opéra, au moins en une certaine mesure, dans la conception de l'idéal chevaleresque qui allia la patience à l'intrépidité, la douceur à la force, la modestie à la fierté, le loyalisme à l'esprit d'indépendance, la chasteté au culte de la femme. Dans cet idéal, qui fut surtout celui de la noblesse, la sagesse tenait à vrai dire peu de place. Mais elle se développa peu à peu, sous la forme de la prudence pratique, chez les hommes de loi devenus les conseillers du pouvoir (non toutefois sans donner accidentellement naissance à cette déviation vers la ruse qui trouva sa plus complète expression dans le *Prince* de Machiavel), et aussi, sous la forme supérieure de la science spéculative, chez quelques gens d'Eglise qui tentèrent de faire revivre la philosophie antique en l'accommodant à la foi nouvelle. La compénétration de ces divers éléments, idéal chevaleresque, sagesse pratique et science spéculative, s'effectua progressivement par la suite. On en trouve déjà très nettement la synthèse au xvie siècle, chez Rabelais et chez Montaigne par exemple, et un peu plus tard dans la conception que le xviie siècle se fit de l'*honnête homme*. Vers le temps même où l'art, échappant au mysticisme des siècles précédents, revenait au culte de la beauté antique en l'animant et en l'échauffant d'un sentiment nouveau, l'idéal esthético-moral retrouvait l'harmonie et la beauté sereine avec quelque chose de plus tendre à la fois et de plus généreux que la Grèce n'avait point connu. Mais il ne devait point tarder à subir de nouvelles déviations, en vertu de sa tendance constante à une concentration progressive. L'ascétisme et le mysticisme n'avaient point cessé d'avoir leurs adeptes surtout dans les cloîtres. La prééminence bientôt accordée à la science détermina, chez certains intellectualistes cartésiens en particulier, un retour vers la glorification de la vie contemplative ; et dans un autre sens la part prépondérante attribuée à la liberté aboutit avec Kant à l'exaltation de la *bonne volonté*[1].

Tant que l'idéal esthético-moral était demeuré purement physique, l'intention n'avait pu naturellement avoir aucune valeur. Dans les premiers temps où cet idéal commença à se dépouiller de ses éléments extérieurs et à prendre un caractère plus intime, on continua néanmoins de placer la moralité exclusivement dans l'acte, et Œdipe est poursuivi par la vengeance divine pour des crimes absolument involontaires. Aristote lui-même, tout en distinguant avec sa précision ordinaire, l'acte de l'intention, admet encore que le premier n'est pas moins indispensable que la seconde pour constituer la vertu parfaite[2] ; et c'est pour-

---

1. Il est aisé de remarquer que la marche suivie par l'idéal esthético-moral depuis l'invasion des Barbares jusqu'à Kant est en tous points identique à celle qu'il avait suivie depuis les temps homériques jusqu'à l'établissement du Christianisme, ce qui prouve bien que cette évolution n'est point purement accidentelle, comme on l'a quelquefois prétendu.

2. ἀμφισβητεῖται τε πότερον κυριώτερον τῆς ἀρετῆς ἡ προαίρεσις ἢ αἱ πράξεις, ὡς ἐν ἀμφοῖν οὔσης· τὸ δὴ τέλειον δῆλον ὡς ἐν ἀμφοῖν ἂν εἴη. (*Morale à Nicomaque*, liv. X, ch. viii.)

quoi il fait de la force la condition du courage, de la fortune la condition de la tempérance. Ce sont les Stoïciens
qui les premiers, par leur dédain de tout ce qui est extérieur, par leur distinction fondamentale entre les choses
qui dépendent de nous et celles qui n'en dépendent pas,
furent conduits à proclamer la valeur suprême de l'intention, non sans tomber toutefois dans les excès les plus
dangereux : le sage de Chrysippe peut, pour un talent,
baiser trois fois la terre sans rien perdre de sa dignité
intime, et livrer son corps aux plus honteuses débauches
sans souiller l'inaltérable pureté de son âme. Plus sincèrement le Christianisme à son tour glorifia la bonne
volonté. « Quand bien même, s'écrie saint Paul, je dis-
tribuerais tout mon bien aux pauvres, quand bien même
je livrerais mon corps au feu, si je n'ai la charité du cœur
tout cela ne me servira de rien[1] ». Le don d'un verre
d'eau offert au nom du Christ, c'est-à-dire au nom de
l'amour, devient une œuvre méritoire ; l'obole de la veuve
est plus agréable au Seigneur que les aumônes fastueuses
du riche. Nous sommes loin d'Aristote qui ne peut concevoir la libéralité sans la richesse ! Plus tard, le Protes-
tantisme, revenant aux enseignements du Christianisme
primitif, plaça au-dessus des œuvres la foi qui sauve.
Kant, élevé dans la sévère discipline du Piétisme, vint
déclarer enfin qu'il n'existe au monde qu'une seule chose
véritablement bonne, la bonne volonté. L'idéal moral,
dans sa marche incessante de l'extérieur à l'intérieur,
avait ainsi atteint son terme ultime, car que peut-il y
avoir de plus intime, de plus profond que l'intention ?

Cette apothéose de la bonne volonté est sans doute
une protestation légitime contre cette justice barbare qui

1. *Epist. ad. Corinthios.*

condamne l'incapacité au même titre que la trahison et la malechance elle-même au même titre que l'incapacité ; contre cette justice des despotes orientaux qui envoie au supplice les généraux coupables de s'être laissé vaincre ; contre cette justice de la fatalité hellénique qui poursuit dans Œdipe le parricide inconscient et l'inceste involontaire. Elle n'en constitue pas moins une déformation éminemment dangereuse de l'idéal esthético-moral, parce qu'elle néglige cet élément d'ordre, de sagesse et de raison qui donne à la perfection individuelle sa beauté suprême ; parce qu'elle place sur le même rang l'ignorant et le savant, l'imbécile et le sage, le sauvage qui dévore ses vieux parents et le civilisé qui les entoure de soins assidus; parce qu'elle tend à légitimer tous les crimes qui ont leur origine dans l'erreur et dans l'ignorance, dans la passion aveugle et dans l'étroitesse d'esprit, dans la superstition et dans le fanatisme. Il est évident d'ailleurs que la bonne volonté, insuffisante à constituer par elle seule l'idéal moral, se trouve nécessairement impliquée dans cet idéal tel qu'il résulte de la synthèse harmonieuse du courage, de la sagesse et de la tempérance. Comment l'homme ferme, courageux et maître de lui-même, modéré dans ses désirs comme dans ses joies et ses afflictions, à l'esprit large et éclairé, n'aurait-il pas cette volonté à la fois droite et énergique qui est la bonne volonté sous sa forme la plus parfaite ?

Il n'importe au demeurant que la réalisation de cet idéal ne soit pas toujours au pouvoir de l'individu, non plus d'ailleurs que ne l'est en fait la bonne volonté elle-même faussement rapportée par Kant à je ne sais quelle liberté absolue, chimérique et inintelligible. On n'en aperçoit que mieux l'importance capitale de l'éducation à laquelle il appartient de faire éclore l'idéal, de le développer et de

le fixer dans les âmes assez solidement pour qu'il puisse
devenir un principe de vie, en agissant simultanément
sur les tendances et les habitudes de l'individu pour le
disposer à obéir spontanément aux impulsions de ce mo-
teur souverain. Mais il apparaît alors que la santé, la
force et même la beauté du corps, bonnes et désirables
en elles-mêmes, ne sont point étrangères à l'énergie et à
l'harmonie de l'âme. N'est-il point avéré que le courage
a d'ordinaire son principe dans le sentiment intime d'une
force sûre d'elle-même, que l'impuissance de l'individu à
maîtriser ses passions et ces passions elle-mêmes tiennent souvent à quelque vice de conformation physique
ou au défaut d'équilibre des fonctions physiologiques ?
C'est pour cela que l'éducation physique est aujourd'hui
généralement considérée comme la base de l'éducation
morale, et le médecin comme l'auxiliaire de l'éducateur.
« Je suis convaincu, disait déjà Descartes, que s'il est
possible de trouver quelque moyen qui rende communément les hommes plus sages et plus habiles qu'ils n'ont
été jusques ici, c'est dans la médecine qu'ont doit le
chercher[1] ».

En résumé, après avoir atteint avec la théorie Kantienne de la bonne volonté le terme ultime de sa longue
évolution de l'extérieur à l'intérieur, l'idéal esthético-
moral a dû suivre la marche inverse, en rétrogradant de
l'intérieur à l'extérieur, du conditionné à la condition.
Son mouvement de concentration progressive a été suivi
d'un mouvement d'expansion ; il a ainsi retrouvé après
ces qualités de science, d'intelligence et de largeur d'esprit, malencontreusement négligées par le formalisme
Kantien, ces éléments extérieurs de force, de santé et de

---

1. *Discours de la Méthode.* VI, 1.

beauté physique, injustement méprisés par l'ascétisme, et qui apparaissent aujourd'hui comme étant dans une certaine mesure les conditions de l'énergie et de l'harmonie de l'âme, conditions elles-mêmes de la bonne volonté. Mais le travail des générations n'a point été perdu, puisque, grâce à cette double évolution successive de l'extérieur à l'intérieur et de l'intérieur à l'extérieur, l'humanité à appris à connaître clairement le rôle et la valeur respective des divers éléments qui constituent la perfection individuelle. C'est ainsi que l'art, après avoir traversé une longue période de subjectivisme, semble, en revenant à l'objectivisme d'où il était parti, devoir atteindre à une puissance et à une vérité supérieures : le drame lyrique de Wagner en fait foi.

CHAPITRE III

ÉVOLUTION DE L'ÉLÉMENT LOGIQUE : LA JUSTICE ET LE DROIT

I

LA JUSTICE DISTRIBUTIVE ET RÉMUNÉRATIVE

En dépit de circonstances purement accidentelles l'évolution de l'élément esthétique de la moralité s'est donc effectuée avec une régularité qui permet d'en suivre aisément les phases successives et d'en saisir l'enchaînement rigoureux. Intéressante en elle-même, elle prend une importance supérieure lorsque l'on considère qu'elle suffit à expliquer l'évolution de l'élément logique qui, comme on le verra, n'a jamais cessé de se régler exactement sur l'idéal esthético-moral.

Certes la justice s'impose aujourd'hui à nous avec une force incomparable qu'elle doit précisément à son caractère essentiellement logique. C'est surtout contre l'iniquité que la conscience proteste et s'indigne ; c'est surtout pour la défense de la justice que les cœurs s'exaltent et que les bras se lèvent. Sans cesse on se plaît à invoquer les lois de la justice éternelle et les droits imprescriptibles de la personne humaine. Mais ces lois que l'on prétend éternelles ont été longtemps ignorées ; ces droits que l'on proclame naturels et inviolables ont été longtemps universellement méconnus, comme ils le sont encore aujourd'hui sur une grande partie de notre globe. Ainsi que le dit Pascal, « le droit à ses époques — l'entrée de Saturne au Lion marque l'origine d'un tel crime ». Comme l'élément esthétique en qui il a sa condition et sa règle constante, l'élément logique de la moralité ne s'est constitué tel qu'il existe actuellement dans notre conscience d'hommes du xxᵉ siècle que progressivement et avec une extrême lenteur.

Si l'on veut remonter aux origines de la justice, il faut nécessairement essayer de se représenter ce que fut l'humanité primitive et pour cela, en l'absence de documents positifs, recourir à des hypothèses aussi vraisemblables que possible et fondées sur des inductions légitimes. Au xviiiᵉ siècle on se plaisait à voir dans l'homme des premiers âges, tel qu'il était sorti des mains de la nature, un être essentiellement bon que la civilisation a ultérieurement perverti et corrompu : ramener l'humanité à l'état primitif, *à l'état de nature,* telle était l'ambition de Rousseau et de ses nombreux partisans. Une telle théorie ne pouvait tenir longtemps contre les faits aussi nombreux que significatifs qui nous ont été révélés par les récits des explorateurs les plus dignes de foi au cours du dernier siècle, et nos sociologues sont aux antipodes de cette conception optimiste. Pour eux, comme d'ailleurs avant eux pour Hobbes, l'homme primitif ne fut qu'une bête féroce et d'une férocité dont les animaux les plus féroces eux-mêmes ne sauraient approcher. Dans la période dite bestiale, qui constitue l'enfance de l'humanité, le cannibalisme aurait été l'état normal universel ; et le souvenir de cette coutume atroce, encore en vigueur chez certaines peuplades, se retrouverait sous une forme plus ou moins

apparente dans les traditions et les légendes de tous les
peuples, même les plus heureusement doués. Les sacrifices humains que l'on continua çà et là à offrir à la divinité jusque dans la période historique ne seraient qu'un
vestige non équivoque de l'anthropophagie originelle qui,
suivant une loi antérieurement signalée, aurait persisté
dans les institutions religieuses après avoir disparu des
mœurs.

Cette opinion ne comporte peut-être pas moins d'exagération que celle de Rousseau. L'anthropophagie n'est
vraisemblablement point un fait primitif, car d'ordinaire
les animaux de la même espèce, même les plus féroces,
ne se dévorent point entre eux ; et s'il n'est guère légitime de voir dans l'homme

Un dieu tombé qui se souvient des cieux,

il n'y a pas non plus de raison pour en faire un monstre
unique dans la nature. La pratique du cannibalisme a
sans doute été déterminée accidentellement jadis, comme
elle l'est encore parfois aujourd'hui, par une famine pro·
longée. A Tahiti, pour désigner une période de disette
exceptionnelle on disait : « une saison à manger les hommes[1] » ; et l'on conçoit que dans des conditions particulières l'anthropophagie ait pu se généraliser et devenir
en quelque sorte endémique, surtout dans les îles de
dimensions restreintes, incapables de subvenir longtemps
aux besoins d'une population rapidement croissante. C'est
là en effet qu'on la retrouve d'ordinaire, concurremment
avec les pratiques usuelles et en quelque sorte légales

1. Cook (*Voyages du Capitaine*), cité par le Dr Letourneau dans
son ouvrage très documenté sur l'*Evolution de la morale*, auquel
nous avons emprunté un certain nombre de faits rapportés ici :
(ch. IV, p. 96).

de l'infanticide et de l'avortement qui procèdent de la même cause[1]. D'ailleurs, s'il est des sauvages dont la férocité confond l'imagination, comme les Néo-Zélandais ou les indigènes des îles Viti, il en est d'autres aussi, non moins arriérés, plus arriérés peut-être à certains égards, tels que les Esquimaux, dont les mœurs non seulement ne comportent pas le cannibalisme mais encore sont remarquablement douces et pacifiques ; de telle sorte que l'on pourrait peut-être considérer l'extrême cruauté de certaines peuplades comme le résultat d'une sorte de déviation qui aurait son point de départ dans l'anthropophagie, née elle-même de circonstances accidentelles. L'homme primitif n'a donc point été nécessairement la bête féroce que l'on se plaît aujourd'hui à nous dépeindre ; il n'a point été à l'origine *un loup pour l'homme*. Si la guerre de tous contre tous, *bellum omnium contra omnes*, avait été au début l'état normal, on ne comprendrait guère comment l'espèce humaine aurait pu subsister : le contrat auquel Hobbes a recours est quelque chose d'inintelligible, surtout si l'on considère la mentalité très rudimentaire à laquelle les hommes isolés en seraient nécessairement restés.

En réalité il paraît légitime de se représenter les premiers humains errant par hordes plus ou moins nombreuses à travers les vastes solitudes du monde primitif, à la manière des troupeaux de bœufs ou de bisons, ou, si l'on aime mieux, à la manière des bandes de loups ou de

1. En Polynésie des « tueurs d'enfants » attitrés parcouraient les villages en offrant leurs services aux femmes nouvellement mères. L'avortement était systématique en Australie, en Tasmanie, à la Nouvelle-Calédonie, à Viti, à Samoa, à Tonga. Voir à ce sujet : Letourneau, *op. cit.* ch. v, IV. De l'infanticide et de l'avortement on pourrait rapprocher aussi la coutume également très répandue du meurtre des vieillards.

chacals. Ils ne se dévoraient point entre eux, tant qu'ils
trouvèrent dans la faune et dans la flore des régions par-
courues des ressources suffisantes. Ils n'entraient en lutte
qu'accidentellement pour la possession des femmes ou de
quelque proie particulièrement recherchée, et le plus
souvent le faible s'effaçait même spontanément devant le
fort, comme il arrive d'ordinaire chez les animaux. Or
les forts plus constamment et plus abondamment nourris
se fortifièrent encore ; les faibles s'affaiblirent davantage,
et les différences originelles allèrent ainsi s'accentuant.
Il arriva que des hommes extraordinairement forts et
audacieux, avec leurs armes rudimentaires, osèrent affronter les carnassiers redoutables et les grands ruminants
devant lesquels leurs compagnons s'enfuyaient épouvan-
tés. Vainqueurs ils se paraient des dépouilles fumantes
de leurs victimes, comme Hercule de la peau du lion de
Némée, et devinrent ainsi pour tous un objet d'admiration autant que de crainte. C'est ainsi que les Indiens
Peaux-Rouges ornent leur ceinture de la chevelure des
ennemis tués par eux et jouissent dans leur tribu d'une
considération qui se mesure exactement au nombre de
ces hideux trophées. Il s'établit donc naturellement une
sorte de proportionnalité entre la force et le courage de
l'individu, les trophées qui constituaient sa *propriété* en
même temps que sa parure, et l'admiration qu'il excitait
chez ses compagnons. L'idée de *justice* était désormais
fondée : elle ne fut que l'expression subjective, incessamment fortifiée par l'accoutumance, de rapports objectivement réalisés dans les faits. De ce qui *est ordinairement* l'esprit en effet passe naturellement et invinciblement à ce qui *doit être* : dans l'ordre intellectuel, de la
constatation répétée de certaines séquences invariables il
conclut que tout fait *doit* avoir une cause ; et dans l'ordre

moral la coutume finit toujours par avoir force de *loi*.

L'idée de justice une fois solidement constituée sous sa forme rudimentaire, une première application en fut faite lors des expéditions entreprises en commun, soit contre quelque animal particulièrement dangereux, soit contre des tribus ennemies, lorsque l'état de guerre eut pris naissance par le conflit inévitable de hordes en présence sur le même territoire. Dans le partage du butin, chacun dut recevoir proportionnellement à sa force et à son courage ; et dans l'*Iliade* Achille s'indigne, comme d'une injustice criante, de voir le brave et le lâche jouir des mêmes honneurs, c'est-à-dire d'une part égale de butin, car à cette époque les honneurs ne se distinguaient point des avantages matériels[1]. Ainsi donc non seulement l'idée de justice reposa dès l'origine sur une proportionnalité, mais encore cette proportionnalité se régla exactement sur la valeur esthético-morale telle qu'on la concevait alors. Ce rapport ne cessa de subsister dans l'avenir et le développement de l'élément logique de la moralité alla toujours de pair avec celui de l'élément esthétique. C'est ainsi que par la suite la ruse, l'adresse et la prudence prenant place dans l'idéal esthético-moral à côté, et plus tard au-dessus du courage et de la force, eurent désormais leur lot, et ultérieurement un lot supérieur, dans le partage du butin. Dans l'*Odyssée* qui consacre le triomphe de la sagesse sur la force et le courage, c'est à Ulysse et non pas à Ajax que l'assemblée des Grecs attribue les armes d'Achille. Lorsque la puissance eut conquis la prééminence, elle se réserva, comme il convenait, la part du lion. Dans l'*Iliade* Agamemnon reçoit ou plutôt s'attri-

---

1.　　"Ἴση μοῖρα μένοντι καὶ εἰ μάλα τις πολεμίζοι
ἐν δὲ ἰῇ τιμῇ ἠμὲν κακὸς ἠδὲ καὶ ἐσθλός.

Iliade, ch. IX, v. 318-19.

bue un lot de beaucoup supérieur à celui des autres princes achéens, non sans provoquer les récriminations d'Achille, mais avec l'assentiment du vieux Nestor dont l'opinion représente assez exactement la sagesse et la justice du temps ; quant au restant du butin il est distribué aux plus dignes (ἀριστή εσσιν) : la prudence et le courage ont ainsi leur part légitime[1]. Aux îles Marquises le corps des ennemis tués était dépecé et distribué suivant des règles déterminées par un constant usage : les chefs avaient les pieds, les mains et les côtes, considérés comme morceaux de choix ; les parties charnues étaient le lot des prêtres ; les guerriers se partageaient le reste du corps ; les femmes, êtres inférieurs, étaient exclues du partage[2]. Le Pérou, du temps de la conquête espagnole, nous fournit un exemple particulièrement intéressant et qui met pleinement en lumière la valeur respective attribuée à la puissance, à la sagesse et au courage, en même temps que la conception correspondante de la justice distributive. Les produits du sol, préalablement réunis dans les greniers publics par les soins du pouvoir, y sont divisés en quatre parts : la première est celle de l'Inca et de sa famille qui fournit les administrateurs et les gouverneurs de province, la seconde celle des prêtres, la troisième celle des guerriers, la quatrième celle des laboureurs et des artisans ; mais chacun reçoit proportionnellement à son rang social, considéré comme l'exacte expression de son mérite.

Il parut donc juste que les biens extérieurs, les richesses, les honneurs, la considération fussent proportionnés à

---

1. δὶα παῦρα δασάσκετο, πολλὰ δ'ἔχεσκεν·
ἄλλα δ'αριστήεσσι δίδου γέρα καὶ βασιλεῦσιν.
Iliade, ch. ix, v. 333-34.

2. Radiguet : *Derniers sauvages* (p. 173), cité par Letourneau, *op. cit.*, ch. iv, p. 95.

la force, au courage et ultérieurement à la sagesse et à la
puissance, c'est-à-dire à ce qui constituait la valeur
esthético-morale· de l'individu, telle qu'on la concevait
alors. « Glaucos, dit Sarpédon dans l'*Iliade*, pourquoi
dans la Lycie sommes-nous grandement honorés par les
meilleures places, les viandes et les coupes pleines et
sommes-nous regardés comme des dieux? Pourquoi cul-
tivons-nous un grand domaine florissant sur les rives du
Xanthos, une terre plantée de vignes et de blé? Il faut
donc maintenant que nous soyons debout au premier rang
des Lyciens dans l'ardente mêlée, afin que chacun des
Lyciens bien armés dise : nos rois qui gouvernent la Lycie
ne sont pas sans gloire ; s'ils mangent les grasses brebis,
s'ils boivent le vin excellent et doux, ils sont pleins de
courage et de vigueur et ils combattent au premier rang
des Lyciens[1]. » Cette conception de la justice trouva en
quelque sorte son expression adéquate dans le régime des
castes qui attribua à la puissance, à la sagesse et au courage, des honneurs et des avantages matériels proportionnels. Là même où ce régime ne réussit pas à s'établir,
elle n'en était pas moins d'ordinaire naturellement réalisée dans l'expérience qui en avait fourni le principe ; et
lorsque des exceptions se rencontraient, lorsque le héros
malheureux ne recevait pas la récompense à laquelle il
paraissait avoir droit, l'opinion publique étonnée cher-
chait à s'expliquer cette anomalie et cette injustice apparente par l'inimitié des dieux dont la force, la puissance
et la sagesse l'emportent incomparablement sur celles
des plus grands héros, de telle sorte que l'idée de justice
trouvait toujours à se satisfaire.

Mais tout changea et l'harmonie effective se trouva

1. *Iliade*, ch. \III, v. 310-321.

irrévocablement rompue le jour où, au cours de l'évolution de l'idéal esthético-moral, les vertus héroïques
cédèrent la première place à des vertus plus modestes, le
courage guerrier à l'énergie intime de l'âme, la puissance
à la modération des désirs, la prudence pratique à une
sagesse supérieure et à la science spéculative. Ce jour-là
la proportionnalité entre la valeur esthético-morale de
l'individu et la possession des avantages extérieurs n'apparut plus d'ordinaire comme réalisée en fait : on vit
couramment la vertu opprimée et le vice triomphant ; on
vit Socrate boire la ciguë et Platon put nous représenter
l'homme vertueux persécuté, enchaîné, couvert d'op-
probres et crucifié. La justice, qui ne cessa pas de se
régler sur l'élément esthétique de la moralité, malgré
l'importante transformation opérée, se trouva dès lors
réduite à une simple *proportionnalité de droit* entre
la vertu et le bonheur. L'effort de la conscience publique
et de la philosophie fut désormais de chercher à réaliser
de quelque manière, en dépit des apparences, cette proportionnalité de droit. On crut y arriver tout d'abord par
une conception nouvelle et supérieure de la vie future.

Dans la période antérieure la vie d'outre-tombe n'était
considérée que comme le prolongement et l'exacte repro-
duction de la vie terrestre. Les héros doivent y retrouver
les biens, les honneurs et tous les avantages dont ils ont
joui en ce monde ; les rois doivent régner sur les ombres
comme ils ont régné sur les vivants; les sages doivent
rendre la justice dans le Tartare comme ils l'ont rendue sur
la terre. C'est en vertu de ce principe que chez nombre
de peuplades sauvages ou de nations barbares, comme
autrefois chez nos ancêtres gaulois et germains, on a
coutume d'enterrer vivants, d'immoler ou de brûler sur
le tombeau du chef, ses femmes, ses esclaves ou quelques-

uns de ses sujets destinés à l'accompagner, à le servir et à lui assurer dans l'autre vie le maintien de ses prérogatives. Au Bénin, chez les Achantis, chez les Zoulous, à la mort du roi ou d'une personne de la famille royale, la tuerie prend des proportions vraiment effroyables : c'est par centaines, c'est par milliers que se comptent les victimes [1]. En vertu du même principe, chez les Peaux-Rouges, les plus beaux territoires de chasse de l'autre monde étaient réservés aux chefs les plus braves et les plus rusés, comme chez les Germains et les Scandinaves les festins et les combats sans fin du Wahalla aux guerriers les plus intrépides. Aux îles Viti les récompenses de la vie future sont promises aux chefs qui ont tué et mangé le plus d'ennemis. Pour nombre de peuplades enfin, les âmes des chefs et des rois seules ne périssent point ; le vulgaire n'a pas droit à l'immortalité. Mais à partir du jour où l'idéal esthético-moral subit la transformation capitale que nous avons signalée, les conditions de la vie ultra-terrestre se trouvèrent en conséquence totalement modifiées : les récompenses des Champs Elysées sont désormais réservées à la vertu au sens nouveau du mot, et les tourments du Tartare sont le lot des méchants à quelque rang social qu'ils appartiennent : la proportionnalité désormais rompue en ce monde, se trouve rétablie dans l'autre afin que l'idée de justice soit satisfaite. Ce changement remarquable dans la conception de la vie future se manifeste très nettement en Grèce vers le temps de Socrate et de Platon, c'est-à-dire justement à la même époque que la transformation correspondante de l'idéal esthético-moral.

Néanmoins la vie future, comme la vertu elle-même, conservait encore quelque chose d'aristocratique : ses

1. Letourneau. *op. cit.*, ch. ix, p. 213 sqq.

plus hautes récompenses étaient le privilège des sages,
c'est-à-dire de l'aristocratie intellectuelle, comme elles
l'avaient été autrefois de l'aristocratie guerrière, des
héros et des rois ; les femmes, les esclaves et les barbares
étaient généralement exclus des Champs Elysées comme
de la capacité d'arriver à la vertu ; et certains stoïciens
ne craignirent point de réserver l'immortalité aux seuls
philosophes. Dans le même sens Spinoza écrira plus tard
que « l'homme capable de s'élever à la connaissance du
troisième genre et à l'amour intellectuel de Dieu a seul
une âme dont la plus grande partie est immortelle [1] ».
Mais le Christianisme en démocratisant pour ainsi dire
l'idéal esthético-moral, en faisant de la simplicité et de
l'humilité les premières des vertus, renversa totalement
l'ordre antérieurement établi. Désormais l'intelligence et
la science ne constituent plus des droits à la vie éternelle
non plus que la force et la beauté, la richesse et la puissance. « Les premiers seront les derniers et les derniers
seront les premiers. — Bienheureux les pauvres d'esprit,
car le royaume des cieux leur appartient.— Il est plus difficile à un riche d'entrer dans le royaume des cieux qu'à un
câble de passer par le trou d'une aiguille ». Et saint
Clément d'Alexandrie examine longuement et sérieuse-
ment la question de savoir si un riche peut être sauvé [2]. La
vie future qui n'avait été primitivement conçue que
comme le prolongement de la vie terrestre, apparut alors
nettement comme le redressement des inégalités d'ici-
bas. Et cependant il subsistait encore un privilège, celui
du baptème (auquel on pourrait peut-être ajouter pour
quelques-uns celui de la grâce), dont l'importance alla
graduellement s'affaiblissant jusqu'au jour où Kant plaça

1. *Ethique*, liv. V, prop. 39.
2. Voir : Thamin, *Saint Ambroise*, p. 290 (Paris. F. Alcan).

dans la bonne volonté, également accessible à tous les hommes de toutes les conditions, de tous les degrés de culture et d'intelligence, de tous les temps, de tous les pays et de toutes les religions, la condition nécessaire mais suffisante du salut comme de la vertu. Jusqu'au bout l'évolution de l'élément logique de la moralité se régla, comme il convenait, sur l'élément esthétique.

D'autre part, concurremment avec cet effort pour rétablir dans un autre monde l'harmonie de la vertu et du bonheur, on essaya d'assurer dès cette vie la proportionnalité impérieusement réclamée par la conscience en faisant du bonheur véritable, soigneusement distingué de la possession des biens extérieurs, le privilège naturel de la vertu. Pour Socrate vertu et bonheur sont synonymes. Pour Platon l'honnête homme sur la croix est plus heureux que le grand roi sur son trône. Pour Aristote qui distingue entre les vrais plaisirs et les faux, la félicité suprême est dans la contemplation à laquelle le philosophe seul est capable de s'élever. Pour les Stoïciens le sage seul est véritablement heureux et il l'est nécessairement en dépit des maux qui l'accablent. Epicure de son côté déclare que le sage jouit d'un bonheur souverain jusqu'au sein du taureau de Phalaris. La plupart des grands philosophes modernes, Descartes, Leibniz, Spinoza, sont d'accord sur ce point avec les anciens et l'auteur de l'Ethique en particulier identifie complètement le bonheur suprême, la béatitude avec la vertu [1].

En somme proportionnalité de la vertu et du bonheur dès cette vie, grâce à une définition particulière du bonheur, ou rétablissement dans un autre monde de l'harmonie rompue ici-bas, ces deux conceptions n'ont

1. *Ethique*, liv. V, prop. 42.

MAUXION. — Moralité.

7

pas cessé de régner séparément ou même simultanément,
tant est grande la force avec laquelle s'impose à la conscience l'idée de justice telle qu'elle s'est constituée au
cours des âges. Aujourd'hui encore on se plaît communément à exalter les récompenses que la vertu trouve en
elle-même, et d'autre part en face de certaines misères
aussi injustes que noblement supportées on se surprend
à invoquer les réparations d'outre-tombe. Toutefois la
croyance à la vie future va perdant de sa force, et d'autre
part, en même temps que l'ascétisme disparaît et que
l'idéal esthético-moral tend à reconquérir ses éléments
extérieurs dès longtemps perdus, les joies intimes de la
conscience et la possession de la sagesse n'apparaissent
plus comme une récompense suffisante de la vertu. Beaucoup proclament en conséquence la nécessité d'une répar-
tition plus équitable des avantages matériels. Herbert
Spencer rêve un état de société où, par le seul jeu de la
liberté, les mieux doués et les plus dignes trouveront la
récompense à laquelle ils ont droit ; et certaines formes
éclairées du socialisme prétendent arriver au même
résultat par l'action de l'Etat omnipotent substitué à la
Providence[1]. Le socialisme qui s'intitule rationnel[2] a fait
une tentative intéressante pour concilier dans une certaine mesure la liberté et l'initiative individuelle avec
l'action gouvernementale. Dans cette doctrine le sol et les

1. Le communisme au contraire et les formes inférieures du
socialisme, revenant en arrière et s'appuyant inconsciemment sur
le principe Kantien de la valeur absolue de la personne humaine,
réclament la participation égale de tous à tout et tombent ainsi
dans une déviation dangereuse dont il sera parlé plus abondamment
par la suite.

2. Le socialisme rationnel a été fondé par un Belge, le baron de
Collins, et est actuellement représenté par MM. Agathon de Potter
et Frédéric Borde. Voir les différentes œuvres de Collins et la Revue
qui a pour titre : *Le socialisme rationnel.*

instruments de la fortune publique, préalablement *nationalisés*, seraient par voie d'enchères cédés en ferme aux particuliers ; les enfants, élevés par les soins et aux frais de l'Etat, recevraient à leur majorité une dot nationale qui leur permettrait de s'établir ; chacun serait alors libre de choisir la profession qui conviendrait le mieux à ses goûts et à ses aptitudes et pourrait, en raison de son intelligence et de son activité, de sa valeur intellectuelle et morale, acquérir des biens meubles qu'il lui serait loisible de transmettre à ses héritiers. Ce n'est pas ici le lieu de discuter ces diverses théories ; mais il était nécessaire de mettre en lumière l'esprit commun qui les anime afin de montrer une fois de plus comment à chaque modification de l'élément esthétique de la moralité correspond invariablement une transformation de l'élément logique.

II

LE DROIT

Il paraît donc acquis que la règle de proportionnalité se retrouve au terme comme à l'origine de la justice dite distributive ou rémunérative. Mais la justice est aussi susceptible de se présenter sous une forme très différente, au moins en apparence[1], lorsqu'on la ramène comme on le fait souvent aujourd'hui au respect des droits ou, comme on dit encore, au respect de la personne humaine dans sa vie, dans sa liberté, dans ses biens, dans son honneur et sa réputation. De la justice ainsi conçue l'école

1. Je dis « en apparence », car la justice distributive ou rémunérative concerne en somme un droit, le *droit au bonheur*, conçu comme proportionnel à la valeur esthético-morale de l'individu.

empirique a proposé diverses explications. Certains, comme Epicure, l'ont fondée sur l'utilité et l'intérêt : la justice, d'après le philosophe de Gargète, consiste à ne pas nuire aux autres pour qu'ils ne nous nuisent pas à nous-mêmes. D'autres, comme Herbert Spencer, en ont cherché le principe dans la sympathie : par sympathie nous souffrons des offenses faites à autrui comme si elles nous étaient faites à nous-mêmes ; de là la double tendance à nous abstenir personnellement de telles offenses, à les condamner et même à les réprimer chez les autres. Je ne prétends point qu'il n'y ait pas une certaine part de vérité dans ces tentatives d'explication : les deux causes signalées par les empiristes ont pu vraisemblablement contribuer au développement sinon à la naissance même de l'idée de justice au sens où nous l'entendons actuellement. Cependant, outre que ces théories pourraient avoir des conséquences dangereuses, soit en faisant exclusivement appel à l'intérêt, soit en conduisant à une confusion regrettable de la justice avec la charité, elles ne paraissent pas s'appliquer exactement à la totalité des faits, ni surtout rendre suffisamment compte de ce qui constitue l'essence même de cette forme particulière de la justice, à savoir le respect dû à la personne humaine, où se rencontre manifestement l'intervention de l'élément esthétique de la moralité, systématiquement négligé par l'école anglaise. C'est ce qui nous oblige à chercher dans les faits eux-mêmes le principe d'une explication plus générale, plus complète et partant plus satisfaisante.

Le respect, qui est un sentiment complexe procédant à la fois de la crainte et de l'admiration désintéressée, doit nécessairement se rencontrer au point de départ comme au terme de l'évolution de l'idée de justice à laquelle il est propre. Mais il ne saurait évidemment être question au début du respect de la personne humaine considérée en elle-même. Ce que l'on trouve au contraire aux stades inférieurs de l'évolution c'est le mépris total, absolu, de la vie et de la liberté des autres comme en témoignent l'anthropophagie, l'avortement, l'infanticide, le meurtre des vieux parents, les sacrifices humains et l'esclavage : toutes coutumes si répandues chez les sauvages, chez les barbares et quelques-unes jusque chez les demi civilisés. Le respect va tout d'abord non pas à la personne humaine en tant que telle, mais à la force et ultérieurement au courage et à la puissance : il a son principe dans la crainte sans doute mais aussi dans l'admiration qu'inspire naturellement la force, de telle sorte qu'à l'origine le fort seul a des droits. Nous trouvons cette conception primitive de la justice, bien faite pour étonner les partisans de la morale absolue, fixée en quelque sorte chez la plupart des peuplades sauvages arrêtées aux stades les plus inférieurs de l'évolution. Dans les tribus australiennes, par exemple, le fort avait sur les autres toutes sortes de droits, non seulement en fait, mais en vertu d'un ensemble de coutumes et de traditions ayant en quelque manière force de loi. « La vie, la personne, le bien des faibles, des femmes, des jeunes gens sont, de par un ensemble de règlements traditionnels, mis à l'entière discrétion des hommes robustes et âgés[1] » ; de telle sorte que le fort qui maltraite le faible, lui ravit son bien ou le tue ne commet pas une injustice. Il n'en va pas autrement chez les peuplades un peu plus avancées où la puissance, cette forme supérieure de la force, se trouve solidement établie aux mains de chefs héréditaires, par exemple dans les petites monarchies nègres de l'Afrique, au Dahomey, chez les Achantis, etc. :

1. Lang : *Aborigenes of Australia.* Letourneau : *op. cit.*, ch. v, I, p. 102.

le chef ou le roi y a tous les droits sans exception. A la
Nouvelle-Zélande il était admis qu'un chef « ne pouvait
pas voler[1] », c'est-à-dire qu'il avait le droit de tout prendre; de même aux îles Fidgi. A Tahiti et dans les îles occi-
dentales de la Polynésie, quand un chef demandait à un
vilain : « à qui est ce cochon? à qui est cet arbre? » il était
d'usage que le propriétaire répondit : « à nous deux », ou
plutôt : « à toi et à moi »[2]. Ne fut-il pas longtemps admis
dans nos monarchies modernes, comme dans les grands
empires de l'Orient, qu'en droit le roi est le seul propriétaire?

De même qu'un chef « ne pouvait pas voler » dans les
petites sociétés primitives, de même il ne pouvait pas non
plus se rendre coupable d'assassinat. A Tahiti, où les
mœurs étaient cependant relativement douces, un chef qui
avait tué un vilain sans aucun motif, par simple passe-
temps, entra dans un violent accès de colère quand on lui
dit qu'en Angleterre, pour un fait aussi banal et aussi
insignifiant, il aurait été pendu[3]. Aux îles Fidgi, à la Nouvelle-Zélande, il arrivait fréquemment qu'un chef tuât et
mangeât un de ses sujets, sans exciter dans le peuple
aucune indignation, sans provoquer chez les parents de
la victime aucune protestation, même tacite. « Grand chef
Bouarate; Beau seigneur Bouarate! » disaient les Néo-
Calédoniens, avec une admiration parfaitement sincère,
d'un roitelet qui avait coutume de se régaler de la chair
de ses sujets[4]. Il est clair que pour eux ce chef usait

1. Voyage de l'Astrolabe. Letourneau, op. cit. ch. vii, p. 159.

2. Moerenhout. Voyage aux îles, t. II, p. 181; Letourneau, ch. vii,
p. 159.

3. Cook. Troisième voyage. Letourneau, ch. v, p. 102.

4. De Rochas. Nouvelle-Calédonie, p, 246. Letourneau, ch. iv,
p. 87.

d'un droit universellement reconnu et ne commettait point une injustice. Au contraire le vilain qui osait insulter le chef ou lui ravir quelques menus objets violait un droit et manquait gravement à la justice : il était en conséquence, non seulement frappé par le pouvoir, mais encore sévèrement condamné par la conscience publique. Les petites monarchies nègres de l'Afrique fournissent d'innombrables exemples du même genre où il est facile de saisir sur le fait la conception originelle de la justice.

Les Grecs du temps d'Homère ne se trouvaient pas encore très éloignés de ce stade inférieur de l'évolution : pour eux la force et la puissance étaient encore, au moins jusqu'à un certain point, la mesure du droit. On peut voir par plusieurs passages très significatifs de l'*Iliade* et même de l'*Odyssée*, et particulièrement par les plaintes d'Andromaque après la mort d'Hector, que le jeune enfant en perdant son père, la femme en perdant son époux, perdaient en partie leurs droits en même temps que la force qui les protégeait. « Il (Astyanax) n'aura plus jamais que douleurs et maux dans l'avenir, car les autres s'empareront de ses champs dont ils reculeront les bornes[1]. Le jour qui rend l'enfant orphelin lui enlève tous ses camarades ; il va toujours la tête basse et les joues baignées de larmes. Indigent, il s'approche des compagnons de son père, tirant l'un par son manteau, l'autre par sa tunique, et c'est à peine si quelqu'un d'entre eux s'apitoyant lui tend un fond de coupe qui humecte ses lèvres sans humecter son palais. Et voilà que quelque autre enfant qui possède encore son père et sa mère le chasse de la salle en le frappant de la main et en l'insultant : « Va-t'en donc ! car ton père n'est point du festin avec nous ». Et l'orphelin revient en pleurant

---

1. ἄλλοι γάρ οἱ ἀπουρίσσουσιν ἀρούρας.

vers sa mère veuve[1]. » Le poète s'apitoie visiblement, mais il ne songe point à protester ou à s'indigner. C'est que pour lui en effet il est juste que le plus faible cède au plus fort. Il est juste que les mortels obéissent aux dieux parce que les dieux sont plus forts que les mortels ; et les dieux eux-mêmes doivent en justice obéir à Jupiter parce que sa force est sans égale : « Je ne saurais vouloir, dit Poseidon, que nous combattions contre Zeus, parce qu'il est beaucoup plus fort que nous[2]. » Il est juste que le moins puissant cède au plus puissant. « Tu ne dois point, fils de Pélée, déclare Nestor parlant au nom de la sagesse et de la justice du temps, tu ne dois point résister à Agamemnon, puisque tu n'as point une dignité égale à celle du roi porte-sceptre à qui Zeus a donné la gloire. Si tu es le plus brave... il est le plus puissant puisqu'il commande à un plus grand nombre d'hommes[3]. » Thersite est injuste et, comme tel, énergiquement condamné par le poète parce que, faible, laid, difforme et sans courage, il ose insulter les forts et les beaux, les braves et les puissants ; et la foule des Achéens applaudit en riant bruyamment lorsque le misérable reçoit d'Ulysse le châtiment qu'a mérité son audace. Viennent d'autres temps et Thersite aura sa revanche : Marat, ce Thersite sinistre de la Convention, sera porté en triomphe par une populace en délire!

1. *Iliade*, ch. xxII, v. 498-99.

2.
    Οὐκ ἄν ἔγωγ' ἐθέλοιμι Διὶ Κρονίωνι μάχεσθαι
    ἡμέας τοὺς ἄλλους, ἐπειὴ πολὺ φέρτερός ἐστιν.
                                        Iliade, ch. VIII, v. 210-11.

3.
    μήτε σὺ, Πηλείδη, ἔθελ'ἐριζέμεναι βασιλῆϊ
    ἀντιβίην· ἐπεὶ οὔποθ'ὁμοίης ἔμμορε τιμῆς
    σκηπτοῦχος βασιλεύς, ᾧτε Ζεὺς κῦδος ἔδωκεν.
    'Ει δὲ σὺ κάρτερός ἐσσι......
    ἀλλ'ὅγε φέρτερός ἐστιν, ἐπεὶ πλεόνεσσιν ἀνάσσει.
                                        Iliade, ch. I, v. 277-81.

La justice, au second sens du mot comme au premier, ne fut donc à l'origine que la traduction mentale, que l'expression subjective d'un fait, la subordination du plus faible au plus fort, du moins brave au plus brave, du moins puissant au plus puissant, subordination fondée sur l'admiration autant que sur la crainte et confirmée, consolidée par une longue accoutumance. Le fort seul eut d'abord des droits — en cela Hobbes a raison — et les droits se proportionnèrent à la force. Mais la justice se trouvant ainsi liée en principe à l'élément esthétique de la moralité, l'évolution même de cet élément dut nécessairement déterminer une évolution correspondante des notions de justice et de droit. Un progrès important se trouva ainsi réalisé par l'introduction de la sagesse au sein de l'idéal esthético-moral. La prudence pratique et la vieillesse dont la prudence fut considérée comme le privilège ordinaire eurent désormais des droits tout aussi bien que la force, le courage ou la puissance ; et telle fut vraisemblablement l'origine du droit d'aînesse si généralement répandu. C'est ce que nous pouvons constater déjà dans l'*Iliade*. Il est juste, d'après Homère, que le plus jeune cède au plus âgé, le moins sage au plus sage. Nestor invoque sans cesse les droits supérieurs de sa longue expérience. Si Poseidon doit en justice céder à Zeus, ce n'est pas seulement parce que Zeus est incontestablement le plus fort, c'est aussi parce qu'il « est plus âgé et sait plus de choses[1] ». Lorsqu'Agamemnon proclame les droits qu'il a à l'obéissance d'Achille, il n'invoque pas seulement sa puissance, mais aussi son âge : « Qu'il me cède en tant que je suis puissant et en tant que je puis me vanter

1. Ζεὺς πρότερος γεγόνει καὶ πλείονα ἤδη.
Iliade, ch. XIII, v. 355.

d'être plus vieux que lui[1] ! » Chez certaines peuplades sauvages, d'ailleurs extraordinairement féroces et bien inférieures aux Grecs des temps homériques, le respect de la vieillesse, considérée comme une condition de sagesse supérieure, comportait naturellement pour les vieillards des droits particuliers, une place d'honneur au conseil et dans les festins d'apparat par exemple, et chez les Néo-Calédoniens le privilège partagé avec les chefs et les nobles de manger de la chair humaine en temps de paix.

A un stade plus avancé de l'évolution, lorsque la sagesse, commençant à revêtir partiellement le caractère de science spéculative et à devenir l'apanage des prêtres, fut placée formellement au-dessus de la force et du courage dans l'idéal esthético-moral, elle obtint en conséquence des droits supérieurs, comme on peut le constater par exemple chez nos ancêtres, les Gaulois, où la classe des druides jouissait de privilèges extraordinaires. Et là où la puissance, devenue prépondérante, s'arrogea en conséquence les droits les plus exorbitants, elle ne laissa pas néanmoins de consacrer d'ordinaire, en même temps que les droits du courage et de la force individuelle, les droits supérieurs de la sagesse, qui d'ailleurs l'en récompensa généreusement en mettant la religion à son service. C'est ce qui arriva particulièrement en Egypte, au Pérou, en Perse et dans l'Inde où la caste sacerdotale a toujours le pas sur la caste guerrière et jouit en conséquence de droits plus étendus et de privilèges spéciaux.

Les droits se trouvèrent donc exactement proportionnés à la valeur, à la dignité de l'individu, telle qu'elle résultait de la conception qu'on se faisait alors de l'idéal esthético-

1.   καί μοι ὑποστήτω, ὅσσον βασιλεύτερός εἰμι
ἠδ' ὅσσον γενεῇ προγενέστερος εὔχομαι εἶναι.

Iliade, ch. IX, v. 160-61.

moral. Or dans l'Inde, que nous envisageons spécialement ici à cause de l'intérêt particulier qu'elle présente, au-dessous de la caste des prêtres (Brahmanes) et de la caste des guerriers (Kchatryas), il s'en constitua une troisième, celle des laboureurs, marchands, banquiers (Vaisyas) : ceux-ci durent à leur activité, à leur industrie et à la richesse qu'ils surent acquérir (la richesse avait déjà sa place dans l'idéal esthético-moral) une certaine valeur relative et par conséquent des droits correspondants qui, d'abord mal définis et essentiellement précaires, furent progressivement déterminés, fixés et consolidés par la coutume [1]. Seuls les Soudrâs qui formaient la quatrième et dernière caste n'eurent pas de droits parce que, ne possédant ni la sagesse et la science, apanage des brahmanes, ni le courage militaire lot des kchatryas, ni la richesse généralement amassée par les vaisyas, ils n'avaient en conséquence aucune valeur, aucune dignité et que le régime inflexible des castes héréditaires et fermées ne leur permettait pas d'en acquérir : véritables esclaves, ils étaient à l'entière discrétion des castes supérieures et leur unique mission était de les servir. « Le souverain maître, dit le code de Manou, n'assigna au Soudrâ qu'un seul office, celui de servir les autres classes sans déprécier leur mérite ». Il n'y eut donc point d'injustice à insulter, à maltraiter un soudrâ, à lui ravir son bien, sa femme ou même la vie, autant du moins que l'intérêt social ne commanda pas de protéger des existences dont la puissance et la sagesse comprirent l'utilité. Mais il y eut injustice à insulter, à maltraiter, à tuer un vaisya, à lui ravir

1. Les védas exprimaient symboliquement la valeur respective attribuée aux différentes castes en racontant que les brahmanes sont sortis de la tête de Brahma, les Kchatryas de son bras, les vaisyas de sa cuisse et les soudrâs de ses pieds.

sa femme ou son bien ; injustice plus grande à l'égard d'un kchatrya, plus grande encore et en quelque manière inqualifiable à l'égard d'un brahmane ou du roi lui-même. La législation et la religion sanctionnèrent simultanément cette remarquable conception de la justice, en établissant en ce monde et dans l'autre toute une hiérarchie de peines soigneusement graduées en raison directe du rang de la victime et en raison inverse du rang du coupable. Il est curieux de voir comment ce qui constitue un crime en quelque sorte inexpiable chez un soudrâ devient chez le brahmane une simple peccadille, facilement rachetable par quelque jeûne ou quelque purification [1].

En résumé le droit, comme la justice distributive et rémunérative, fut soumis à la règle de la proportionnalité. Il importe cependant de remarquer que dans les sociétés fortement organisées, régies par le système des castes ou même des classes séparées, la proportionnalité comportait à un certain point de vue l'égalité. En effet, les lois civiles et politiques, comme les lois physiques elles-mêmes, ont nécessairement quelque chose de général : on ne peut légiférer pour l'individu, mais seulement pour des catégories de personnes qui dès lors sont considérées comme égales, en dépit des différences qu'elles peuvent présenter au point de vue esthético-moral. Au yeux de la loi un brahmane fut donc l'égal d'un autre brahmane, un kchatrya l'égal d'un autre kchatrya, etc., de même qu'en d'autres temps et en d'autres lieux un noble fut l'égal d'un autre noble, un vilain d'un autre vilain [2]. Cette importante remarque

1. Pour plus de détails sur ce point, voir plus loin la troisième partie de ce chapitre : *Justice pénale et réparatrice.*

2. Remarquons cependant qu'au moyen âge par exemple la législ-

nous aidera à comprendre comment ce qui subsistait de proportionnalité put se transformer progressivement en égalité.

Les causes de cette remarquable transformation sont extrêmement nombreuses et variables, suivant les temps comme suivant les lieux. Parmi les plus ordinaires et les plus efficaces, on peut signaler : 1° l'effort incessant du pouvoir pour abaisser les grands qui lui portaient ombrage : cet effort est très manifeste chez nos rois à partir de Louis Le Gros, comme chez les tyrans des cités grecques et chez les petits princes italiens de la Renaissance; 2° la tendance constante des classes supérieures à dégénérer, des classes inférieures à s'élever matériellement, intellectuellement et moralement : en France, on peut dire que la Révolution devint inévitable le jour où la noblesse eut perdu le monopole des vertus guerrières, et le clergé celui de l'instruction, le jour où le Tiers État eut acquis la fortune, le savoir et une incomparable dignité de mœurs; 3° et avant tout, peut-être, l'évolution même de l'élément esthétique avec le progrès de l'élément sympathique qui en fut la conséquence. Dans l'Inde, par exemple, à laquelle il nous faut revenir, dès lors que l'idéal esthético-moral fut placé, non plus dans la force et le courage militaire, ou dans la science spéculative ramenée presque tout entière à la connaissance du Rig-Véda, mais dans les vertus ascétiques, patience, douceur, chasteté, humilité, il devint par là même accessible aux hommes de toutes conditions. Les antiques distinctions de caste se trouvèrent

lation était beaucoup plus complexe : il y avait plusieurs catégories de nobles ayant leurs privilèges et leurs droits spéciaux, et parmi les non-nobles on distinguait les bourgeois des villes, les vilains des campagnes et les serfs. Le principe posé ci-dessus n'en subsiste pas moins, puisque la loi s'applique toujours nécessairement à des catégories de personne.

en conséquence supprimées par le Bouddhisme, ce produit spontané du Brahmanisme ascétique, et Çakya-Mouni put dire : J'appelle brahmane, non pas celui qui est tel par sa naissance, mais celui qui le devient par ses vertus. L'égalité des droits fondée sur l'égale possibilité pour tous de réaliser le nouvel idéal esthético-moral se trouva désormais proclamée.

Le régime des castes, quelque funeste qu'il ait été à certains égards, offre, du moins à notre point de vue, cet inestimable avantage de nous servir en quelque sorte de fait *ostensif*, pour parler comme Bacon, de nous montrer consolidé et fixé pour des siècles, sous une forme nettement déterminée, un état de choses qui, en d'autres régions, imprécis et éphémère, disparut sans laisser de traces profondes. En Grèce, par exemple, après le rapide effondrement des monarchies de l'âge héroïque, les bouleversements et les révolutions qui se succédèrent, eurent pour résultat la chute des anciennes fortunes, la confusion des classes, et presque partout, surtout dans les cités de race ionienne, la substitution de démocraties aux aristocraties qui essayaient de maintenir quelque chose des antiques privilèges. L'idéal esthético-moral, privé en partie de ses éléments extérieurs, notamment de la puissance et de la richesse, dépouillé de l'éclat et du caractère de grandeur qu'il avait revêtu chez les héros, devenu en quelque sorte populaire, suivant l'expression de Solon, ramené presque exclusivement à la sagesse pratique et à la modération, apparut désormais comme étant à la portée de la masse des citoyens. En un sens il s'aristocratisa de nouveau par la part prépondérante faite ultérieurement à la science spéculative et à la contemplation. Mais c'est en vain que Platon essaya en conséquence de restaurer sous une forme rationnelle le principe de la proportionnalité

des droits : la législation demeura généralement fidèle à
la règle de l'égalité.

Toutefois, il ne faut pas s'y tromper. cette égalité se
trouvait en fait limitée aux seuls citoyens dont le nombre
était partout en Grèce singulièrement restreint. L'idée de
justice continuant à se régler sur l'idéal esthético-moral,
tel qu'on le concevait alors, les esclaves et les barbares
demeurèrent en dehors du droit commun, parce que l'orgueil hellénique leur refusait la capacité de réaliser cet
idéal; et si Aristote, après Socrate et Platon, n'hésite pas
à proclamer la légitimité de l'esclavage, c'est (indépendamment de considérations d'ordre purement utilitaire)
parce que, selon lui, l'esclave étant incapable de s'élever à
la vertu, ne saurait, en conséquence, revendiquer légitimement des droits que la vertu seule peut conférer.

Le progrès ultérieur de l'élément rationnel de la moralité fut singulièrement favorisé par les circonstances extérieures. La fusion de plus en plus intime des peuples et
des races au sein du vaste empire romain, les affranchis-
sements d'esclaves sans cesse plus nombreux, l'habitude
prise par les empereurs d'élever leurs affranchis aux plus
hautes fonctions de l'Etat, par crainte et par jalousie des
grands, firent tomber peu à peu les barrières qui sépa-
raient encore le barbare du citoyen, l'esclave de l'homme
libre. Mais ici, encore, le rôle essentiel revient à l'évolution même de l'élément esthétique de la moralité. Le jour
où la science spéculative perdit la place prépondérante
qu'elle avait encore dans le Stoïcisme primitif, le jour où
l'idéal esthético-moral se trouva ramené presque exclusivement à la constance, à la force d'âme et à l'impassibilité,
la vertu devint accessible à l'esclave comme à l'homme
libre, et Epictète, dans les fers, put être reconnu l'égal de
Marc-Aurèle sur le trône des Césars. Aussi le principe de

l'universelle égalité se trouva-t-il formellement exprimé par les Stoïciens de la dernière période. « Sénateur, chevalier ou esclave, c'est l'accident, c'est le vêtement pour ainsi dire. » — « La servitude de l'esclave ne va pas jusqu'à l'âme », s'écrie déjà Sénèque, tout à l'encontre d'Aristote. — « Nous sommes tous concitoyens, nous sommes tous frères », proclame à son tour Marc-Aurèle. Le principe de l'égalité naturelle des hommes, résultat en fait d'une conception nouvelle de l'idéal moral, en même temps que spéculativement fondé sur le principe de la raison immanente à laquelle tous participent, avait pour conséquence logique la reconnaissance de l'universelle égalité des droits et la condamnation de l'esclavage. Comment cette conséquence ne fut-elle pas tout d'abord aperçue? La cause prochaine en est sans doute le dédain même des Stoïciens pour les conditions extérieures et aussi leur attachement au dogme d'une providence qui a sagement attribué à chaque homme un rôle qu'il doit s'appliquer à jouer de son mieux, « empereur le rôle d'un empereur, esclave le rôle d'un esclave, boiteux le rôle d'un boiteux ». Mais la cause profonde doit en être cherchée dans la difficulté même qu'éprouve toujours un principe nouveau à rompre des rapports solidement établis par la coutume et la tradition. En fait, le progrès de l'élément sympathique devança ici, en le préparant, le progrès de l'élément rationnel, également impliqué dans le développement de l'élément esthétique. Les Stoïciens s'habituèrent à traiter avec plus de douceur et d'humanité leurs frères esclaves, mais nul ne songea, que je sache, à leur rendre, avec la liberté, la plénitude de leurs droits.

Ce que la sagesse philosophique n'avait pu faire, la ferveur religieuse l'accomplit en partie. Dès les premiers temps du Christianisme, nombre de fidèles des classes riches affranchirent en masse leurs esclaves, en même temps qu'ils distribuaient aux pauvres la totalité de leurs biens. Sans doute, en agissant ainsi, ils obéissaient beaucoup moins à une idée claire de justice, qu'à un élan de charité et au désir de réaliser l'idéal de pauvreté et d'humilité que le Christ était venu proposer au monde; ils ne songeaient point à condamner l'esclavage, puisque saint Ambroise, par exemple, voit dans la servitude un état éminemment propice à la vertu, et comme un don spécial de la faveur divine. Il est incontestable, cependant, qu'une conception nouvelle de la justice, conforme au récent idéal, commençait à se faire jour sous le couvert de la vie future devenue l'objet, non plus d'une vague espérance, mais d'une foi enthousiaste. L'antiquité païenne avait ouvert les portes des Champs Elysées aux forts, aux beaux et aux puissants, aux rois, aux héros et aux sages ; le Christianisme peupla son paradis d'esclaves et de miséreux, d'estropiés, d'infirmes, d'ignorants et de simples d'esprit; et, dans son ardeur à « brûler ce que l'on avait adoré, à adorer ce que l'on avait brûlé », alla jusqu'à sanctifier le bon larron et à placer au-dessus du juste qui persévère le pécheur qui se repent.

Le principe d'égalité, ou même, pour parler exactement, de proportionnalité à rebours, formellement exprimé en particulier dans la parabole du *Maître de la vigne et de ses ouvriers*, fut bientôt et pour longtemps comprimé par le retour de l'antique idéal de force et de bravoure, d'audace et de fierté qui suivit la conquête barbare ; on vit reparaître toute une hiérarchie de droits et de privilèges, réglés et gradués par le régime féodal avec une rigueur minutieuse que le système même des castes n'avait point connue. Mais le germe fécond déposé par le Christianisme primitif dans l'âme des peuples n'était point anéanti : pendant dix-huit siècles il se développa lentement et obscurément dans l'ombre des consciences, pour s'épanouir brusquement à la lueur sanglante de la Révolution française. Comment ne pas reconnaître dans le célèbre refrain révolutionnaire :

> Ah ! ça ira ! ça ira ! ça ira !
> Celui qui s'élève on l'abaissera !
> Celui qui s'abaisse on l'élèvera !

comme un écho lointain de la parole de l'Évangile : « Les premiers seront les derniers, et les derniers seront les premiers » ? parole consolatrice que les humbles avaient bien souvent murmurée aux temps d'oppression, et dont les sculptures naïves de nos cathédrales retracent plus d'une fois le menaçant symbole. La justice divine avait voué en masse aux flammes éternelles les forts et les beaux, les riches, les puissants et les sages de ce monde ; la justice populaire les hissa par provision à la lanterne [1].

Les diverses assemblées qui se succédèrent au cours de la Révolution ne tombèrent pas dans l'excès populaire du proportionnalisme à rebours, malgré certaines motions qui tendaient à refuser les droits civiques et politiques aux ci-devant nobles. Elles s'en tinrent au principe de l'égalité, mais en lui donnant toute l'extension dont il était susceptible par la fameuse *Déclaration des droits de l'homme*, qui ne tient aucun compte des différences mêmes de race et de civilisation, et dont une des conséquences prochaines fut la suppression de l'esclavage dans les colonies fran-

---

1. Il est notoire qu'on massacra des hommes uniquement parce qu'ils étaient nobles ou riches, des femmes uniquement parce qu'elles étaient belles, et la science de Lavoisier contribua peut-être à le faire condamner : « la République n'avait pas besoin de savants ! »

çaises. C'est que les hommes qui dirigeaient ces assemblées, déistes et rationalistes pour la plupart, à la manière
de Rousseau, quoique ayant rompu de fait avec le Christianisme, étaient cependant sous l'empire d'un préjugé
chrétien, d'adoption sinon d'origine, le préjugé de la
raison naturellement égale chez tous, de la raison qui
« éclaire tout homme venant en ce monde », et qui
confère à tout homme, en tant qu'homme, une dignité,
une valeur absolue, véritable fondement du droit. Vers
le même temps, et ce n'est point là une coïncidence purement fortuite, Kant, de l'autre côté du Rhin, restaurait
formellement le principe éminemment chrétien de la
bonne volonté[1], condition nécessaire et suffisante de la
vertu, et, par conséquent, élément essentiel, sinon
unique, de l'idéal esthético-moral. Or, qu'on le sache ou
non, ce principe est à l'origine de la déviation égalitariste;
c'est de lui que procèdent en réalité les théories commu-
nistes et socialistes[2] qui réclament pour tous l'égalité de
tous les droits, y compris le *droit au bonheur*, qui prétendent rémunérer le travail du manœuvre au même titre
que le travail de l'artiste ou du savant, l'œuvre de l'incapacité au même titre que celle du génie. C'est de lui que
s'inspirent, à un point de vue plus spécial, les vœux de
certains membres de l'enseignement qui réclament incessamment pour les licenciés les mêmes droits que pour les
agrégés, pour les adjoints les mêmes droits que pour les
directeurs d'école, et demandent simultanément la suppression de l'avancement au choix, sous prétexte que ce

1. Kant a en effet la prétention avouée de substituer à la morale
hellénique une morale vraiment chrétienne.

2. Cela n'est vrai toutefois que des formes inférieures du socialisme : les formes les plus éclairées maintiennent au moins sur
certains points le principe de la proportionnalité.

mode d'avancement fait le jeu du favoritisme[1]; mais en réalité le favoritisme lui-même, pourvu qu'il ne devienne pas la règle (et je ne veux pas croire que les choses en soient là), est moins dangereux que l'égalitarisme, car il confirme en somme la notion de justice par l'indignation même qu'il provoque et les protestations qu'il soulève, alors que l'égalitarisme tend à abolir cette notion en la ruinant dans son principe même

En réalité les égalitaires à outrance sont des attardés et, en dépit de leurs prétentions, des chrétiens inconscients. Mais voilà que le subjectivisme a fait son temps : la bonne volonté n'apparaît plus comme suffisant à constituer l'idéal esthético-moral qui récupère un à un les divers éléments dont l'ascétisme chrétien et le formalisme kantien l'avaient dépouillé; et simultanément l'égalité originelle de tous les hommes, spéculativement fondée sur les théories de la *raison essentielle* et de la *liberté absolue* qui ne peuvent plus guère se soutenir, cesse d'être considérée comme un dogme indiscutable. Si nul ne songe à prétendre qu'un poirier sauvage vaut un poirier franc, qu'un cheval vulgaire vaut un pur-sang anglais, comment oser affirmer qu'un homme vaut un autre homme, alors que les différences individuelles ne sont nulle part aussi tranchées que dans l'espèce humaine? Comme le dit énergiquement Herbert Spencer, « il y a plus loin d'un Papou à un Newton que d'un chimpanzé à un Papou! » Et en conséquence la croyance à l'universelle égalité des droits se trouve fortement ébranlée, en dépit de la difficulté antérieurement signalée qu'éprouve toujours un principe nouveau à rompre des rapports solidement établis par une longue accoutumance. Les protestations s'élèvent de toutes parts.

1. Du même principe procède aussi, dans l'industrie, la tendance à substituer partout le travail *à la journée* au travail *aux pièces.*

Ce ne sont pas seulement les poètes qui, aujourd'hui comme autrefois, maudissent l'injustice suprême de la mort fauchant « sans pudeur » la beauté, la force, la vertu, le génie, comme si ces qualités conféraient à leurs possesseurs des droits particuliers à vivre, et qui se plaisent à répéter après Ronsard, en présence de quelque jeune fille emportée prématurément dans tout l'éclat de sa beauté :

> O vraiment marâtre nature,
> Puisqu'une telle fleur ne dure
> Que du matin jusques au soir !

Herbert Spencer, qui a le tort de fonder la justice sur la sympathie, au risque d'être conduit à la confusion de deux notions radicalement distinctes, reconnaît cependant que de par la nature même les forts ont des droits supérieurs à persévérer dans l'existence. D'autres proclament les droits éminents de l'homme de génie et du héros, du *surhomme*, pour employer l'expression de Nietzsche. D'autres enfin n'hésitent pas à affirmer le droit des races supérieures à déposséder et même à asservir les races inférieures. Et qui sait en effet si l'esclavage, sagement compris et pratiqué avec la douceur que comporte le progrès de l'élément sympathique de la moralité, ne serait pas l'unique moyen de faire rentrer graduellement dans la grande société humaine, en les pliant à la discipline salutaire de la règle et du travail, des peuples à l'âme impulsive et aux muscles paresseux qui, laissés à la liberté, s'étiolent et disparaissent rapidement au contact de notre civilisation trop avancée ? Il n'y a en tout cas que le vieux préjugé chrétien ou l'ignorance des idéologues pour prétendre accorder à l'homme de couleur des droits exactement équivalents à ceux des blancs. Le bon sens pratique des citoyens de la libre Amérique ne s'y trompe point : ils peuvent constater *de visu* le danger que la race nègre, avec l'impulsivité de son caractère et la bestialité de ses penchants héréditaires, fait courir à une société. Que l'on considère d'ailleurs l'état d'effrayante instabilité qui caractérise la République de Saint-Domingue par exemple et les républiques sud-américaines où les éléments nègre, indien ou métis tendent à prédominer avec les éléments provenant de l'émigration européenne, éléments assez analogues au fond, car les civilisations les plus avancées ont leurs barbares et même leurs sauvages, arrêtés aux stades inférieurs de l'évolution.

En résumé la dépendance constante de l'élément rationnel vis-à-vis de l'élément esthétique de la moralité doit être maintenue jusqu'au bout. De même qu'en ce qui concerne l'élément esthétique, la théorie kantienne de la bonne volonté, condition nécessaire et suffisante de la vertu, constitue une phase transitoire pour arriver à la conception d'un idéal plus large et plus compréhensif où chaque élément externe ou interne trouve exactement la place qui lui convient, de même, en ce qui concerne la justice et le droit, l'égalitarisme qui a fait table rase de distinctions devenues illusoires ne doit être considéré que comme un stade qu'il fallait franchir pour s'élever à un proportionnalisme plus exact.

III

LA JUSTICE PÉNALE ET RÉPARATRICE

Il nous reste, pour terminer ce chapitre, à dire quelques mots de la justice pénale, qu'il importe de ne pas confondre, malgré certains points de contact, avec la justice distributive et rémunérative ; car tandis que celle-ci se règle immédiatement sur l'élément esthétique de la moralité, la première se rapporte exclusivement à la violation du droit, de telle sorte qu'elle a une origine distincte et une genèse qu'il convient d'étudier séparément. Néanmoins, comme le droit a constamment, ainsi qu'on l'a vu, son principe dans la valeur de l'individu, telle qu'elle résulte à chaque instant de la conception de l'idéal esthético-moral, la justice pénale doit elle-même, au moins indirectement, soutenir un rapport avec cet idéal ; et c'est là justement ce qui va ressortir de l'examen des faits.

D'après une opinion qui tend à se répandre aujourd'hui et qui implique au fond cette conception purement utilitaire de la morale contre laquelle nous avons souvent protesté au nom de l'expérience, la justice pénale ne serait guère qu'un moyen d'intimidation et de préservation sociale : en châtiant le criminel, en l'emprisonnant, en le reléguant ou en l'envoyant à l'échafaud, on ne se proposerait d'autre but que de le réduire lui-même à l'impuissance et d'effrayer en même temps ceux qui pourraient être tentés de l'imiter ; c'est ainsi que dans certaines régions de notre pays on a coutume de clouer sur les portes des granges les oiseaux de proie pour les faire servir d'épouvantail à leurs congénères. Aussi, dans une récente polémique, les adversaires de la peine capitale se sont-ils surtout attachés à dénier à ce procédé d'intimidation l'efficacité qu'on lui attribue d'ordinaire. Il est facile de constater cependant qu'aux yeux de la masse le châtiment présente un caractère non équivoque de réparation ; et les cris de mort qui retentissent fréquemment dans la foule sur le passage des grands criminels ont en réalité leur cause non dans un vague instinct de défense sociale,

mais dans un sentiment profond et dans cette conviction
intime que justice doit être faite et que le mal exige une
réparation. Au fond quand on conteste à la pénalité judi-
ciaire sa haute valeur réparatrice, c'est que l'on confond
les lois qui répondent au besoin héréditaire de justice
avec les lois de circonstance et d'utilité publique, comme
celles qui sont relatives aux délits de chasse ou aux fraudes
à l'égard du fisc: cette confusion le sens commun ne la
fait point.

Il convient donc de conserver à la justice pénale son
caractère essentiel de justice réparatrice; et c'est à ce
point de vue qu'il convient de se placer lorsque l'on veut
essayer d'en déterminer l'origine et d'en suivre l'évolution. Certains penseurs[1] ont cru pouvoir en placer le principe « dans le besoin de défense personnelle, dans la
détente réflexe qui, chez l'animal aussi bien que chez
l'homme, pousse à rendre coup pour coup »; de telle sorte
que la loi du talion « œil pour œil, dent pour dent » en
serait l'expression primitive et l'égalité la règle. Il y a à
la base de cette théorie une erreur de fait manifeste ou,
tout au moins, une généralisation illégitime. Le réflexe qui
tend à se produire en face d'une agression subite n'est
point toujours et pour tous ce mouvement de défense qui
répond à un coup par un autre coup. A tout contact un
peu violent l'escargot rétracte ses tentacules et rentre
dans sa coquille; à la vue de l'épervier planant au-dessus
d'elle la colombe se contracte et demeure immobile,
comme hypnotisée, ou cherche à se cacher; à l'aspect du
lion la gazelle s'enfuit. Or il y a eu de tout temps dans
l'espèce humaine des escargots, des colombes et des
gazelles; et c'est pourquoi chez presque tous les peuples

1. Letourneau, *op. cit.*, ch. x, I, p. 221.

on trouve de bonne heure des maîtres et des esclaves, des chefs et des sujets, des nobles et des vilains. Ainsi que nous l'avons vu plus haut, les différences originelles entre les hommes allèrent bien vite s'accentuant en vertu de la loi de la concurrence vitale, et le faible prit spontanément l'habitude de s'effacer devant le fort,

> Car ce fut de tout temps que rompant sous l'effort
> Le petit cède au grand et le faible au plus fort[1].

Seul celui qui avait la force ou, à défaut de la force, le courage, ripostait aux attaques dont il était l'objet. Mais le plus fort ne se contentait point de rendre coup pour coup, ainsi que le comporte la loi du talion : sa vengeance, la seule justice dont il pût alors être question, n'était d'ordinaire satisfaite que par la mort de l'agresseur. C'est pourquoi dans tous les pays où la puissance s'est solidement constituée sur la base de la force, dans les diverses îles de l'Océanie, chez les doux Tahitiens, comme chez les cruels Fidgiens, dans les petites monarchies nègres de l'Afrique comme dans les grands empires de l'Orient et dans les États européens du moyen âge, la plus légère offense, volontaire ou involontaire, envers le chef ou le roi est immédiatement punie de mort. Le châtiment ne se mesure point à la gravité de l'offense en elle-même mais à la puissance souveraine, c'est-à-dire au droit suprême de l'offensé ; et le traitement infligé au coupable, quelle que soit sa rigueur, est en conséquence universellement considéré comme juste : bien loin de soulever des protestations ou même une indignation silencieuse, il provoque beaucoup plutôt, en même temps que la terreur, une admiration très sincère pour la puissance dont

---

1. Marot : *le lion et le rat.*

il est l'éclatante manifestation et dont il contribue à
rehausser le prestige. Aussi bien les nations civilisées de
nos jours, dans leurs relations avec les sauvages et les
barbares, n'agissent pas autrement que les roitelets nègres
ou les despotes orientaux dans leurs rapports avec leurs
sujets. Pour punir le meurtre d'un Anglais, d'un Français
ou d'un Allemand, on incendie des villages et l'on mas-
sacre des populations entières : ici encore le châtiment
est proportionné non pas à l'offense elle-même mais à la
dignité de l'offensé et à ses droits supérieurs.

Aussi longtemps que la force et la puissance seules ont
des droits, seules aussi les offenses qui leur sont faites
comportent une réparation, et le châtiment est toujours
le même, la mort, avec les aggravations diverses qu'une
cruauté ingénieuse peut imaginer. Quant aux faibles,
comme ils n'ont pas de droits, il ne saurait y avoir pour
eux de justice : les offenses de particulier à particulier
demeurent sans sanction légale jusqu'à ce que, à un stade
supérieur de l'évolution, la sagesse du pouvoir réprime
certains attentats contre les biens ou contre les personnes, attentats qu'elle considère surtout, à vrai dire,
comme des atteintes à sa propre dignité. Il peut arriver
alors que les particuliers étant considérés comme égaux
vis-à-vis de la puissance, la peine du talion s'impose naturellement. Mais là où s'établit une hiérarchie de droits on
trouve aussi en conséquence une hiérarchie de peines
correspondante. Le régime des castes, toujours si intéressant et si instructif au point de vue qui nous occupe, va
nous montrer un système pénal minutieusement réglé
sur les droits, c'est-à-dire sur la valeur de l'individu telle
qu'elle résulte de la conception courante de l'idéal esthético-
moral. Dans l'Inde brahmanique, ainsi qu'on l'a vu plus
haut, les peines qui punissent les atteintes faites aux

droits de l'individu sont généralement en raison directe du rang de la victime et en raison inverse du rang du coupable : c'est ce qui ressort manifestement des lois de Manou, comme on peut en juger par quelques extraits.

Le plus grand de tous les crimes est naturellement encore celui de lèse-majesté, puisque la puissance est au sommet de la hiérarchie. « L'homme qui dans son égarement témoigne de la haine au roi doit périr infailliblement, car sur-le-champ le roi s'occupe des moyens de le perdre[1]. » Immédiatement après les crimes de lèse-majesté viennent les offenses faites au brahmane, car « le brahmane en venant au monde est placé au premier rang sur cette terre ; ..... il ne mange que sa propre nourriture, ne porte que ses propres vêtements, ne donne que son avoir ; c'est par la générosité du brahmane que les autres hommes jouissent des biens de ce monde[2] ». Aussi, indépendamment des sanctions légales, « cent années d'enfer sont infligées à quiconque s'élance sur un brahmane avec l'intention de le frapper, et mille à qui l'a frappé[3] ». Par contre le brahmane bénéficie toujours d'une indulgence exceptionnelle. « Que le roi se garde de tuer un brahmane, même coupable de tous les crimes, ou de confisquer ses biens ; il n'y a pas de plus grande iniquité que de tuer un brahmane ; le roi n'en doit pas même concevoir l'idée[4]. » « Un brahmane possédant le Rig-Véda tout entier ne serait souillé d'aucun crime, même s'il avait tué tous les habitants des trois mondes[5]. » Même pour un brahmane qui

1. *Lois de Manou*, liv. VII, v. 12. Letourneau, *op. cit.*, ch. XIII, III.

2. *Ibid.*, liv. VIII, v. 101.

3. *Ibid.*, liv. XI, v. 206.

4. *Ibid.*, liv. VIII, v. 380-81.

5. *Ibid.*, liv. XI, v. 261.

n'est point parvenu à ce degré éminent de la sainteté, le meurtre, au moins le meurtre d'un soudrâ, assimilé à celui de quelques animaux, n'encourt qu'une peine légère. « Si le brahmane a tué à dessein un chat, une mangouste, un geai bleu, une grenouille, un chien, un crocodile, un hibou ou une corneille, qu'il fasse la pénitence prescrite pour le meurtre d'un soudrâ, celle du *Tchandrayana* (un mois d'un jeûne croissant et décroissant suivant les phases de la lune [1]) ». D'autre part « un brahmane dans le besoin peut en toute sûreté de conscience s'approprier le bien d'un soudrâ, son esclave, sans que le roi doive le punir [2] ». Dans les cas d'adultère, où la peine capitale est prononcée contre les autres classes, le brahmane s'en tire avec une simple tonsure [3]. D'ailleurs d'une manière générale, en ce qui concerne les outrages aux mœurs, la loi distingue toujours, suivant qu'il y a ou non différence de rang pour prononcer ou non une peine corporelle qui peut être la flagellation ou l'amputation de deux ou trois doigts [4]. Remarquons enfin ce fait très caractéristique que le taux de l'intérêt est fixé à 2 p. 100 par mois quand l'emprunteur est un brahmane, à 3 quand c'est un kchatrya, à 4 quand c'est un vaisya, à 5 enfin quand c'est un soudrâ [5].

Il convient toutefois de remarquer que sous le régime des droits proportionnels, dans certains cas fort intéressants, la pénalité édictée par la loi est non plus en raison inverse mais en raison directe du rang du coupable. Mais à la réflexion on s'aperçoit que ces exceptions appa-

1. *Lois de Manou*, liv. XI, v. 131.
2. *Ibid.*, liv. VIII, v. 417.
3. *Ibid.*, liv. VIII, v. 379.
4. *Ibid.*, liv. VIII, v. 361-639.
5. *Ibid.*, liv. VIII, v, 142.

rentes, bien loin d'infirmer le principe, lui apportent, au contraire, une éclatante confirmation. Il s'agit en effet dans ces cas particuliers non plus d'une atteinte aux droits des personnes d'une caste différente, mais d'une déchéance personnelle dont la gravité s'accroît naturellement avec la dignité reconnue de l'individu. C'est ainsi qu'au Mexique, alors que pour le plébéien l'ivresse ne comportait que la perte de la liberté, le jeune noble convaincu d'ivrognerie était étranglé[1]. Dans l'Inde même pour certains petits vols qui impliquaient une bassesse incompatible avec la richesse du vaisya, avec le courage du kchatrya et à plus forte raison avec la sagesse du brahmane, l'amende infligée grossissait proportionnellement avec le rang du coupable[2].

D'ailleurs le principe de la proportionnalité des peines n'est pas exclusivement propre aux nations chez lesquelles le régime des castes est en vigueur. Le système de *composition* en usage chez certains peuples barbares en fournit une application des plus curieuses. Dans les cas d'offense de famille à famille, de tribu à tribu, lorsque les forces respectives des familles ou des tribus étaient sensiblement égales, pour éviter les risques d'une lutte dont l'issue était douteuse, on prit de bonne heure l'habitude d'admettre, particulièrement pour le meurtre, des compensations en nature ou, ultérieurement, en argent lorsque la monnaie eut été inventée. Cette coutume, aujourd'hui encore très répandue chez nombre de peuplades, était déjà en vigueur chez les Grecs des temps homériques. « N'accepte-t-on point le prix du meurtre d'un frère

1. Pressolt ; *Conquête du Mexique*, t. I, p. 50-51. Letourneau, *op. cit.*, ch. XI, II, p, 249.
2. *Lois de Manou*, liv. VIII, v. 337.

ou d'un fils[1] ? », dit Ulysse dans le discours où il cherche
à fléchir la colère d'Achille ; et ce prix était naturellement
en proportion avec le rang et la valeur supposée de la
victime. C'est en vertu du même principe que les codes
de diverses tribus germaniques, les Frisons et les Burgondes par exemple, établissent, à l'usage des classes
supérieures s'entend, toute une hiérarchie de *compositions*. D'après la loi des Burgondes, on peut tuer un
laboureur ou un berger pour 30 écus, un charpentier
pour 40, un serrurier pour 50, un orfèvre pour 100, un
bijoutier pour 150[2]. Mais le meurtre d'un chef est puni
de mort, sans composition possible ; et le meurtre d'un
esclave par son maître n'en comporte point, car il ne
constitue point une injustice, la violation d'un droit[3].

En résumé, comme on pouvait s'y attendre, la proportionnalité des peines fut partout et toujours la conséquence
de la proportionnalité des droits, conséquence elle-même de
l'inégalité reconnue des personnes. Chez les nations où l'esclavage se rencontre concurremment avec l'égalité légale
des citoyens la loi traite tout différemment l'esclave et
l'homme libre. A Rome, alors que le meurtre de l'esclave
par son maître n'avait rien que de licite, le meurtre du
maître par un de ses esclaves entraîna, jusqu'à une époque relativement récente, la mise à mort de toute la
familia, de toute la domesticité. A Athènes, où les mœurs
étaient remarquablement douces, si la vie de l'esclave
fut dans une certaine mesure protégée par la loi, ce fut
pour des raisons d'humanité plutôt que de justice. Le
moyen âge, en rétablissant sous une forme rigoureuse la

1. *Iliade*, ch. IX.
2. *Lex Burgundiorum*, ch. X.
3. Le titre V de la loi des Frisons était : *des hommes que l'on
peut tuer sans composition.*

proportionnalité des droits, rétablit aussi en conséquence la proportionnalité des peines : les efforts des rois absolus n'arrivèrent qu'avec peine à faire rentrer les grands dans le droit commun ; et jusqu'à la Révolution le gentilhomme conserva tout au moins le privilège d'être décapité, au lieu d'être pendu, pour les crimes qui comportaient la peine capitale.

Lorsqu'enfin l'égalité de traitement pour tous fut proclamée en conséquence de l'égalité reconnue des personnes et des droits, le principe chrétien et Kantien de la bonne volonté nécessaire et suffisante qui est, comme on l'a vu, à la base de la conception égalitaire, exerça sur la pénalité, au moins dans la pratique des tribunaux une influence remarquable. Alors que la justice barbare n'a cure de l'intention et ne considère que le fait brut, la principale préoccupation du juge est aujourd'hui de déterminer la part d'intention et de préméditation que comporte l'acte criminel. Mais à mesure que la bonne volonté tend à perdre la valeur exclusive qu'on lui attribuait naguère, à mesure que l'idéal esthético-moral reprend un caractère plus objectif, on voit reparaître dans l'application des peines sous une forme nouvelle et très intéressante le principe de la proportionnalité. Au fond, en dépit de la loi, ce principe n'a jamais cessé de dominer la conscience publique. Dans le cas d'homicide, la haute valeur intellectuelle ou morale de la victime constitue pour le coupable une circonstance aggravante : on s'indigne plus violemment contre le meurtrier d'un grand homme ou simplement d'un homme de bien que contre celui d'un ivrogne ou d'un coquin. Par contre le courage ou même la beauté exceptionnelle du criminel devient souvent pour la foule, sinon pour les juges, une circonstance atténuante : l'opinion publique est d'ordinaire singulièrement indulgente pour les bandits à figure d'archange et à cœur de héros, tels qu'une fausse légende dépeint Fra-Diavolo. Dans les faits de ce genre on peut voir, à juste titre d'ailleurs, une survivance du passé. Mais il en est d'autres où l'esprit nouveau se manifeste d'une manière non équivoque. Sans parler de la tendance excessive de quelques-uns à excuser les crimes mêmes de l'homme de génie, on peut constater que dans l'application des peines édictées par la loi les tribunaux eux-mêmes tiennent de plus en plus compte des antécédents : la peine est proportionnée non pas exclusivement au délit, mais aussi à la valeur morale intrinsèque du délinquant. En résumé par conséquent l'évolution de la justice pénale et réparatrice, comme celle des autres formes de la justice, a suivi jusqu'au bout l'évolution de l'élément esthétique de la moralité.

CHAPITRE IV

ÉVOLUTION DE L'ÉLÉMENT SYMPATHIQUE.
LA SYMPATHIE ET LA SOLIDARITÉ. LA PITIÉ ET L'AMOUR

I. Le précédent chapitre, en montrant que la justice sous toutes ses formes s'est constamment réglée sur l'idéal esthético-moral, a mis clairement en évidence l'importance capitale de l'élément esthétique de la moralité totalement négligé ou relégué au second plan par les philosophes anglais et les moralistes de l'école sociologique. Cette importance apparaîtra plus manifestement encore si l'on considère que l'élément sympathique lui-même, auquel certains penseurs prétendent ramener la moralité tout entière, quoique originellement distinct de l'élément esthétique, en a cependant maintes fois subi l'influence et lui doit en partie ses plus remarquables progrès. C'est ce qui va ressortir de la présente étude. Mais avant de chercher à déterminer l'évolution de la sympathie sous ses diverses formes, sympathie passive et sympathie active, pitié, amour et solidarité, quelques considérations préalables s'imposent qui nous permettront d'apercevoir les causes principales de sa naissance et de son développement.

On a souvent essayé, à la suite de Schopenhauer, de ramener la sympathie et tous les sentiments qui s'y rattachent à l'amour physiologique, de même qu'on. a voulu expliquer non moins exclusivement par l'instinct sexuel l'origine du sentiment esthétique, la naissance et le développement de l'art. Sans vouloir nier complètement le rôle et l'importance très réelle de l'amour physiologique, on peut affirmer qu'il n'est pas seul à l'origine de la sympathie ; et de nombreux faits vont à l'encontre de la théorie de Schopenhauer. Dans les îles de la Polynésie, où le sentiment que nous appelons amour conjugal est à peu près totalement inconnu, il se noue entre compagnons d'armes des amitiés extrêmement solides; l'Arabe du désert préfère, dit-on, son cheval à ses femmes ; les chiens dont les amours sont singulièrement éphémères, sont capables pour leurs maîtres d'une affection dont on a enregistré de remarquables exemples ; les animaux d'espèces différentes, voire d'espèces naturellement ennemies, sont susceptibles les uns pour les autres d'un véritable attachement, à la seule condition d'être élevés ensemble depuis leur bas-âge. Ce dernier fait nous révèle en même temps une des causes les plus ordinaires et les plus importantes de la sympathie, qui est l'accoutumance. Par l'accoutumance les animaux, comme aussi les hommes, s'attachent au milieu dans lequel ils sont placés, aux objets familiers et surtout aux êtres animés parmi lesquels ils ont l'habitude de vivre. La disparition subite de l'un de ces êtres ou de ces objets, en produisant un vide dans le groupe ordinaire des représentations, en rompant brusquement tout un faisceau d'habitudes, détermine nécessairement une inquiétude, un malaise, une souffrance véritable. De là les miaulements désolés, le va-et-vient effaré et les tentatives de fuite du chat que l'on a arraché à son logis habituel pour le placer dans un milieu nouveau; de là l'abattement et les mugissements plaintifs du bœuf auquel on a enlevé son compagnon de labour ou d'étable ; de là la vague tristesse que nous éprouvons nous-mêmes au départ ou à la mort d'une personne, d'ailleurs, semblait-il, indifférente, qui depuis longtemps vivait notre vie. Et cet attachement aux choses et aux êtres familiers, purement égoïste en son principe, prend quelquefois tous les caractères de l'affection désintéressée. Le chien défend jusqu'à la mort sa demeure habituelle, les objets confiés à sa garde, le chat qui est le compagnon ordinaire de ses jeux ; il se laisse parfois mourir de faim sur la tombe de son maître. On raconte qu'un gros singe prit contre ses congénères la défense d'un jeune chien élevé avec lui, dans la même cage.

Entre êtres animés, entre animaux de la même espèce surtout, cet attachement devenu réciproque, qui présente déjà les caractères actifs de l'amour, se complique bientôt de cette sympathie proprement dite qui consiste à jouir des mêmes joies, à souffrir des mêmes souffrances et d'une manière générale à éprouver les mêmes sentiments. L'origine de cette sympathie doit être cherchée dans la tendance spontanée des organismes à entrer en harmonie les uns avec les autres ou, comme on dit encore, dans l'instinct d'imitation. Nous trouvons des exemples bien connus de cette tendance dans la contagion du bâillement : « oscitatio aliena nos sollicitat », disait déjà Sénèque ; dans celle du rire et des larmes ; dans les paniques qui s'emparent quelquefois des bœufs sur les champs de foire, comme dans celles qui emportent les armées sur les champs de bataille dans une fuite aussi irraisonnée qu'irrésistible. Quant à cet instinct d'imitation il est lui-même susceptible d'explications diverses et variables suivant les cas. Lorsque des animaux de la même espèce vivent ordinairement ensemble, les mêmes causes produisent naturellement sur tous les mêmes effets: une même proie les entraîne à sa poursuite, un même ennemi subitement aperçu les incite à la fuite. Dès lors, qu'un seul individu du troupeau se précipite, tous se précipitent après lui ; qu'un seul individu, effrayé par une cause quelconque vienne à s'enfuir, tous le suivent aussitôt, grâce à la toute-puissance de l'habitude. D'autre part l'organisme tend continuellement à agir : en l'absence de tout autre motif d'action, il exécute spontanément les actes qui lui sont mentalement représentés soit par l'imagination (car il est impossible d'imaginer fortement un mouvement sans l'ébaucher), soit et mieux encore par quelque perception réelle, et de là la tendance à l'imitation des gestes, des attitudes et des jeux de physionomie. En face d'un orateur qui nous passionne, nous sentons une incontestable tendance à en reproduire les gestes. En présence d'une statue qui nous charme nous nous surprenons à en prendre inconsciemment l'attitude et l'expression. Quelle qu'en soit d'ailleurs l'origine, l'instinct d'imitation, dont l'existence est hors de doute, suffit pour expliquer la sympathie, puisque les sentiments eux-mêmes se trouvent étroitement associés aux mouvements et aux attitudes corporelles, manifestations extérieures de ces rythmes divers de l'activité générale dont les sentiments constituent la face subjective et la traduction mentale : l'hypnotisée que l'on place à genoux et les mains jointes éprouve immédiatement des sentiments pieux ; une colère, d'abord feinte, se transforme fréquemment par l'imitation des gestes violents et des éclats de voix de l'emportement en une colère parfaitement réelle ; il n'est pas de procédé plus sûr pour se mettre en état de méditer que de prendre l'attitude ordinaire de la méditation. La correspondance interne des sentiments s'établit dès lors nécessairement par l'harmonie tout externe des organismes. L'animal qui fuit en voyant fuir un de ses congénères épouvanté éprouve lui-même à quelque degré la frayeur qui emporte ce dernier ; l'enfant qui pleure en voyant pleurer sa mère partage en quelque manière une douleur dont il ignore et ne peut comprendre la cause ; l'auditeur attentif qui ébauche inconsciemment les gestes de l'orateur éprouve en lui-même quelque chose des sentiments dont celui-ci est agité, et c'est à ce fait qu'il faut attribuer la puissance si connue de l'action oratoire. Il n'est pas nécessaire d'invoquer d'autres principes et de faire appel à je ne sais quelle âme collective pour expliquer les fureurs sanguinaires aussi bien que les enthousiasmes généreux des foules, où, grâce à l'action combinée des gestes et des cris, la puissance du sentiment chez chaque individu se trouve en quelque sorte multipliée à l'infini.

Si telle est l'origine de la sympathie on conçoit aisément qu'elle doit se manifester tout particulièrement chez les individus de même espèce qui mènent ensemble une même vie. Elle se fortifie alors de cet attachement réciproque qui est aussi, comme on l'a vu, une conséquence naturelle de la communauté d'existence ; et cet attachement lui-même reçoit de la sympathie une force nouvelle. Lorsqu'il arrive à prendre une conscience claire de lui-même en même temps que des sentiments sympathiquement excités, il devient véritablement amour.

Cette conscience claire que suppose l'amour n'apparaît qu'avec un degré supérieur d'organisation. D'ailleurs la sympathie elle-même, qui constitue en quelque sorte l'élément passif de l'amour, est proportionnelle d'une part à la perfection relative des moyens d'expression chez l'individu qui en est l'objet et d'autre part au développement du système nerveux chez le sujet qui l'éprouve. Nous sympathisons plus facilement avec le chien dont les aboiements ou les cris plaintifs traduisent la joie ou la douleur qu'avec le poisson muet, avec l'homme à la physionomie éminemment mobile qu'avec l'oiseau au bec rigide ou le quadrupède au mufle quasi impassible, avec le blanc à la peau fine, à la carnation délicate, dont le visage reflète les moindres émotions, qu'avec l'homme de couleur à l'épiderme épais et grossier. Et d'un autre côté, à mesure que le système nerveux se développe, se complique et s'affine, l'individu devient capable de sentiments plus nombreux, plus complexes et plus délicats; il répond plus fortement, plus exactement à l'action des rythmes extérieurs et entre plus aisément, plus complètement aussi en harmonie avec les êtres qui l'entourent[1]. Schopenhauer a dit très justement : « l'homme souffre plus que l'animal, l'homme civilisé que le sauvage et de tous les êtres, l'homme de génie est celui souffre le plus ». S'il n'avait été aveuglé par son pessimisme, il aurait dû ajouter : « l'homme a plus de joies que l'animal, l'homme civilisé que le sauvage et, de tous les êtres, l'homme de génie est celui qui a les joies les plus nombreuses, les plus variées et les plus délicates ». D'où, par une conséquence naturelle, on peut conclure: l'homme est capable d'une sympathie plus large et plus complète que l'animal, l'homme civilisé que le sauvage, et c'est chez l'artiste de génie que la sympathie se rencontre à son degré le plus éminent. Et en effet l'artiste, le poète vraiment dignes de ce nom ne sympathisent pas seulement avec les hommes, mais aussi avec les animaux et même avec la nature, avec les choses auxquelles ils prêtent les sentiments dont ils se sentent animés en leur présence, leur organisation délicate traduisant avec une incomparable

---

1. Voir l'introduction du présent ouvrage, § IV.

précision la multitude infinie des rythmes de l'univers.

Or la pitié n'est qu'une forme particulière de la sympathie : elle consiste en effet dans cette douleur intime sympathiquement excitée par la souffrance d'autrui. En elle-même elle est donc essentiellement passive ; mais elle comporte cependant un principe d'activité, en tant que le sujet tend à faire effort pour écarter de lui-même sa propre douleur en soulageant autant qu'il est en lui la souffrance par laquelle elle est sympathiquement provoquée. Cet effort trouve d'ordinaire dans l'amour un auxiliaire puissant qui lui permet de passer à l'acte et d'agir efficacement ; mais lorsque l'amour fait défaut, il risque au contraire d'être entravé et empêché par l'égoïsme et de là des conséquences importantes.

En effet la pitié, comme la sympathie en général, se développe naturellement et s'accroît avec le progrès même de l'organisation physiologique et de la civilisation ; mais il n'en est pas toujours de même de ses manifestations actives qui trouvent dans un égoïsme grandissant avec le progrès de la réflexion un obstacle proportionné. Aussi pourrait-on dire assez justement peut-être que, toutes choses égales d'ailleurs, l'homme civilisé est moins capable de dévouement que le barbare, l'homme cultivé que l'ignorant. La sympathie à la fois si large et si délicate de l'Européen des classes éclairées n'aboutit souvent qu'à une pitié stérile et inefficace ou à une vague bienveillance, prompte à reculer devant le sacrifice, à moins que les prétentions de l'égoïsme n'aient été au préalable vaincues et étouffées par une culture et un développement spécial de l'élément esthétique de la moralité. L'égoïste cultivé, l'Epicurien affiné ne demeure point totalement insensible à la pitié ; il s'y complaît même parfois à cause des jouissances délicates qu'elle comporte pour son organisation

supérieure, pourvu qu'il ne lui en coûte rien ; mais il est
incapable de faire un effort soutenu et de s'imposer une
souffrance personnelle pour soulager la douleur d'autrui.
L'avare même qu'obsède incessamment le souci du lendemain s'attendrit facilement au théâtre sur les maux de
héros imaginaires, parce qu'en ouvrant largement son
cœur à la pitié il n'est point obligé de desserrer les cor-
dons de sa bourse ; mais il s'écarte instinctivement des
souffrances réelles ou se raidit contre elles pour n'être
point tenté de leur venir effectivement en aide. C'est là
une remarque des plus importantes qu'il convient d'opposer à tous ceux qui identifiant avec la sympathie
la moralité tout entière parlent sans cesse du progrès
continu de l'altruisme et de la solidarité, sans distinguer
entre la sympathie vraiment active et la sympathie purement passive. La vérité de cette observation se trouve
d'ailleurs confirmée non seulement par les faits, mais
aussi par la doctrine même d'Herbert Spencer qui condamne impitoyablement au nom d'un sage égoïsme les
actes de dévouement et le sacrifice sans compensation
que l'humanité s'était jusqu'ici contentée d'admirer. Nous
y trouvons l'explication de bien des contradictions appa-
rentes de notre époque où un égoïsme féroce s'allie si
souvent chez le même individu à une sentimentalité mala-
dive. Tel qui s'apitoie outre mesure sur le sort de quelque
odieux criminel, bon pour l'échafaud, néglige de venir en
aide à l'honnête homme dans le besoin, s'il doit pour
cela s'imposer quelque sacrifice ou renoncer à quelque
jouissance. Tel qui verse des larmes sur les mauvais traitements infligés à quelque sauvage ou se lamente à la
mort de son chien, hésite à s'exposer lui-même pour secourir un compatriote voire même un ami en danger. Le
barbare agit tout autrement.

II. Ces considérations générales une fois établies, il est temps d'aborder l'examen historique des faits, et de chercher à suivre dans le détail l'évolution de l'élément sympathique de la moralité, autant du moins que le permettent les limites restreintes de cette étude. Si l'homme avait été primitivement un loup pour l'homme, comme le veut Hobbes, s'il avait vécu à l'origine dans un état d'isolement farouche, il serait assurément très difficile de comprendre comment la sympathie a pu prendre naissance ; et l'on n'aurait guère d'autre ressource que l'amour physiologique dont nous avons d'ailleurs montré toute l'insuffisance. Mais la difficulté se trouve singulièrement atténuée lorsque l'on se représente, comme il convient de le faire, les premiers humains errant par hordes, plus ou moins nombreuses, à la manière des troupeaux de bisons ou des bandes de loups. Placés dans les mêmes conditions, soumis aux mêmes maux, exposés aux mêmes dangers, ils durent nécessairement éprouver les mêmes joies et les mêmes douleurs, les mêmes espérances et les mêmes craintes; une même frayeur les emportait en face de quelque péril; une même ardeur les entraînait à la poursuite de quelque proie ou les soutenait dans leur lutte contre un ennemi commun, bête féroce ou horde rivale : d'où une sympathie mutuelle. La nécessité même les contraignait d'unir leurs efforts pour l'attaque comme pour la défense; et cette solidarité forcée se fortifia naturellement de cet attachement réciproque qui est, comme on l'a vu, la conséquence ordinaire de l'accoutumance et de la vie en commun. La réflexion naissante et un sentiment plus clair de l'intérêt public, continuèrent ce que la nature même et les circonstances avaient commencé: même en dehors des cas pressants de danger commun, on en vint à se rendre de mutuels services. Ainsi naquit entre mem-

bres de la même tribu cette bienveillance réciproque qui
se rencontre souvent chez les peuplades les plus sauvages,
même les plus féroces, chez les Polynésiens comme chez
les Esquimaux, et que le vieil Homère place déjà au-dessus
de tout, même au dessus du courage : « φιλοφροσύνη γὰρ
ἀμείνων[1] », dit Pélée, dans les recommandations dernières
qu'il adresse à son fils Achille. C'est alors que s'établirent,
surtout entre compagnons d'armes, ces liens d'étroite
amitié et d'absolu dévouement dont Achille et Patrocle,
Oreste et Pylade nous fournissent chez les Grecs de mémo-
rables exemples, et que l'on retrouve, non sans étonne-
ment chez les Germains, chez les Gaulois, chez les Peaux-
Rouges et jusque chez les sanguinaires Fidgiens ; aux
îles Viti tout est commun entre amis, comme chez les
Pythagoriciens, et il est d'usage que l'ami partage avec
son *taïo* jusqu'à sa femme elle-même.

Un nouveau progrès de la solidarité se trouva d'autre
part accompli le jour où les tribus, de nomades qu'elles
étaient à l'origine, devinrent sédentaires et se fixèrent au
sol. Les hommes d'un même groupe eurent désormais à
défendre en commun les terres qu'ils cultivaient, les troupeaux qu'ils nourrissaient, les abris qu'ils s'étaient cons-
truits. L'attachement aux personnes, et particulièrement
aux compagnons d'armes, se compliqua par une nouvelle
accoutumance de l'attachement aux choses familières, de
l'amour du sol natal, si puissant chez tous les primitifs. Il
faut voir avec quelle tendresse, et aussi avec quel orgueil,
les héros de l'*Iliade* et de l'*Odyssée* parlent du pays qui
les a vus naître, beau entre tous à leurs yeux prévenus !
Aux délices d'Ogygie, à la richesse de l'île des Phéaciens,
Ulysse préfère les montagnes et les rochers de sa chère

1. *Iliade*, ch. ix, v. 256.

Ithaque, dont le souvenir et le regret hantent perpétuellement son esprit et le soutiennent au milieu de ses épreuves. Il n'est pas jusqu'aux Esquimaux et aux pauvres Fuedgiens qui ne mettent leur patrie misérable et glacée au-dessus des plus beaux pays du monde; transporté sur le sol étranger, le sauvage languit, dépérit et meurt.

Cet attachement aux hommes et plus encore aux choses, résultat de l'accoutumance et fortifié par le sentiment de l'intérêt, fut l'origine et la base du patriotisme. Mais l'attachement aux hommes et aux choses du présent se compliqua bientôt de l'attachement aux hommes et aux choses du passé. Le souvenir des anciens héros, grandis et embellis par l'imagination naïve de peuples enfants, incapables encore de distinguer le possible de l'impossible, la réalité du rêve, donna naissance au culte des ancêtres, origine probable de toutes les religions. Chaque tribu eut ainsi ses dieux dont elle était fière, et qu'elle plaçait au-dessus des dieux des autres tribus. Chacune eut aussi ses mœurs et ses coutumes, différentes sur la montagne de ce qu'elles étaient dans la plaine, sur le bord de la mer de ce qu'elles étaient dans l'intérieur des terres. Chacune eut son langage, son dialecte particulier, né de circonstances locales. Chacune eut ses intérêts propres; et tout ce qui contribuait à séparer plus profondément la tribu des tribus voisines contribuait en même temps à resserrer plus fortement entre ses membres les liens de la solidarité. Ainsi grandit le sentiment patriotique, d'autant plus puissant, qu'il était plus étroit et plus exclusif, et qui, en se combinant avec l'élément esthétique de la moralité au point de s'identifier en quelque manière avec lui, engendra au cours des âges tous ces actes sublimes d'héroïsme, d'abnégation et de dévouement absolu que l'histoire a enregistrés avec admiration.

L'intérêt et l'accoutumance qui étaient à la base du patriotisme déterminèrent d'ailleurs, suivant les circonstances, d'autres formes de la solidarité en concurrence et souvent en opposition avec lui. Telle fut à Rome la solidarité respective des patriciens et des plébéiens; telles furent au moyen âge la solidarité des nobles, qu'ennoblit l'institution de la chevalerie, la solidarité des membres du clergé, et, plus tard, celle des bourgeois; telle est encore aujourd'hui la solidarité des prolétaires qui, comme autrefois celle de la noblesse ou du clergé, tend à déborder le groupe État et à franchir les barrières de la patrie.

Il est incontestable que la solidarité, comme nous l'avons constaté plus haut, a dû naturellement contribuer à développer, sinon à faire naître, entre les membres du groupe solidaire, des sentiments de sympathie et de bienveillance réciproque qui s'étendirent et s'élargirent nécessairement avec le groupe lui-même, non toutefois sans perdre d'ordinaire quelque chose de leur force originelle. Mais le sentiment de la solidarité se trouve malheureusement vicié dans son principe par l'intérêt qui a présidé à sa naissance et qui n'a jamais cessé d'en nouer et d'en dénouer les liens au gré des circonstances. Fondé sur un antagonisme, c'est aux sources de la haine plutôt qu'à celles de l'amour qu'il s'alimente d'ordinaire, et il est le plus souvent un ferment de luttes autant et plus qu'un principe de concorde et d'union. Et cela est vrai des formes récentes comme des formes anciennes de la solidarité. Le patriotisme étroit et farouche des Grecs et des Romains procédait en grande partie de la haine et du mépris de l'étranger, du barbare. Le patriotisme révolutionnaire était fait surtout de la haine *des rois et des prêtres conjurés;* comme le patriotisme des Allemands, après la conquête napoléonienne, de la haine du Français ; comme le patriotisme des Français, au lendemain de nos désastres, de la haine de l'Allemand. Et c'est de même, la haine du *bourgeois*, qui fait la force de la solidarité *prolétarienne !* La *Carmagnole* et l'*Internationale,* comme la *Marseillaise,* comme les chants de guerre des Peaux-Rouges ou des Néo-Calédoniens[1], sont des hymnes de mort et exhalent une odeur de sang. D'ailleurs, l'histoire est là pour montrer qu'un sentiment profond de la solidarité est en fait compatible avec les formes les plus excessives de la barbarie et de la férocité, comme le prouve l'exemple des Romains primitifs, et mieux encore celui des sanguinaires Fidgiens, si fortement unis pour l'attaque comme pour la défense. Ce n'est donc point, semble-t-il, dans la solidarité qu'il faut chercher ce principe d'amour universel que se plaisent à voir en elle les penseurs de l'école sociologique et tous ceux qui leur ont emprunté avec un empressement inconsidéré ce mot magique, source de tant d'illusions dangereuses. En vérité, ce fut la famille qui fut la première école de la pitié et de l'amour ; et c'est au foyer domestique que naquit et se développa tout d'abord cet arbre de charité dont les rameaux doivent un jour envelopper de leur ombre bienfaisante l'humanité tout entière. C'est ce qui ressortira, je l'espère, des considérations suivantes.

Quand et comment la famille a-t-elle pris naissance ? C'est là une question aujourd'hui encore fort controversée, et que l'observation même de l'animalité ne permet guère de résoudre, puisque nous trouvons chez les animaux,

---

1. « Attaquons-nous les ennemis ? — Oui. — Sont-ils forts ? — Non. — Sont-ils braves ? — Non. — Nous les tuerons ? — Oui. — Nous les mangerons ? — Oui. » (De Pochas : *Bulletin de la Société d'anthropologie,* t. Ier, p. 414).

dans un ordre presque totalement indépendant de la hiérarchie mentale, tantôt la promiscuité pure et simple,
tantôt des unions temporaires, tantôt aussi des unions
indissolubles, dont certaines espèces de perruches fournissent des exemples particulièrement remarquables,
puisque la mort de l'un des conjoints entraîne inévitablement celle de l'autre. D'après les données les plus récentes de la science, il ne semble pas toutefois que la famille
puisse être considérée, ainsi qu'elle l'était communément
autrefois, comme la forme primitive de la société et comme
contemporaine des premiers âges de l'humanité. Il existe,
en effet, nombre de peuplades qui présentent déjà au
moins un embryon d'organisation sociale, et où règne
encore la promiscuité la plus complète. Il est donc très
vraisemblable que la famille, sous sa forme la plus élevée
et la plus parfaite du *patriarcat*, a constitué un progrès
sur la promiscuité primitive et aussi sur le *matriarcat*,
forme transitoire dont il subsiste encore, çà et là, d'assez
nombreux vestiges, et qui, en beaucoup de lieux, sinon
partout, succéda immédiatement à la promiscuité absolue.
La famille, telle que nous la voyons aujourd'hui constituée est née, semble-t-il, le jour où le fort s'attribua la
possession exclusive d'une ou de plusieurs femmes, que
nul ne put ni n'osa lui disputer, non plus que ses trophées
de chasse ou de guerre. Le mariage ne fut donc à l'origine
qu'une prise de possession, qu'une main-mise brutale de
la force, dont le souvenir non équivoque persiste encore
dans les traditions et les coutumes de beaucoup de peuples. Chez certaines peuplades, dites *exogames*, en Afrique
particulièrement, le mariage est presque toujours un
rapt de tribu à tribu, susceptible ordinairement d'une
compensation pécuniaire. Ailleurs, au sein même de la
tribu, le jeune homme doit enlever par la force,

et non sans risques, celle dont il veut faire sa femme. Ailleurs, encore, cet enlèvement se trouve réduit à un simulacre, mais comporte le plus souvent le paiement d'une indemnité déterminée aux parents de la jeune fille. Ce sont là tous faits aujourd'hui bien connus, et sur lesquels, par conséquent, il est inutile d'insister. De cette origine, que l'on est vraisemblablement en droit de lui attribuer, il résulte que le mariage fut d'abord le privilège des forts, des chefs, des hommes des classes supérieures. C'est ce que prouvent les mœurs de la plupart des tribus polynésiennes, où les femmes des chefs seules sont tenues à une certaine réserve et à une décence relative. C'est ce que prouvent aussi les coutumes de la Rome primitive, où le mariage proprement dit était le privilège des seuls patriciens, les gens du peuple s'unissant en quelque sorte au hasard, et, suivant la forte expression de Tite-Live, *more ferarum*. Chez toutes les nations soumises au régime des castes, l'adultère est puni d'autant plus rigoureusement que la femme coupable appartient à une caste plus élevée. Dans l'Inde brahmanique, par exemple, la brahmine adultère doit être « dévorée par les chiens sur la place publique la plus fréquentée », et son complice, non brahmane, brûlé sur un lit de fer chauffé au rouge[1]. On peut ajouter, enfin, que chez un certain nombre de peuples, la polygamie n'est autorisée que pour les chefs. Du rapprochement de tous ces faits, il est permis de conclure que la possession des femmes fut considérée comme un droit qui, comme tous les autres droits, se trouva soumis à la loi de proportionnalité.

Si telle est l'origine du mariage, on s'explique aisément la condition misérable qui fut d'abord et partout celle de la femme. Chez les nègres africains, chez les sauvages

---

1. *Lois de Manou*, liv. VIII, v. 371-72.

polynésiens, comme chez les primitives tribus australiennes, la femme, chair à plaisir et véritable bête de somme, est vouée aux travaux les plus pénibles, soumise aux traitements les plus cruels, battue, martyrisée, mise à mort pour le motif le plus futile, souvent même sans motif, par pur caprice, et parfois mangée par simple gourmandise[1]. Chez les barbares et les demi-civilisés, quoique traitée avec plus de douceur et de ménagements, quoique devenue l'objet d'une certaine affection, en vertu d'un progrès dont nous allons montrer l'origine, elle demeura cependant longtemps dans un état de dépendance absolue et de quasi servitude, dont elle ne sortit peu à peu que grâce à l'évolution même de l'élément esthétique de la moralité. Aussi longtemps, en effet, que l'idéal esthético-moral fut placé dans la force, dans le courage militaire, dans la puissance, voire dans la sagesse pratique ou dans la science spéculative, la femme dut être nécessairement considérée comme un être inférieur. La loi de Manou la tient en petite estime[2] ; certains philosophes grecs vont jusqu'à lui refuser une âme raisonnable; et Platon lui-même, dans le *Timée*, n'hésite pas à la placer à un rang intermédiaire entre l'homme et les animaux[3]. Elle ne se releva de la condition inférieure qui lui était faite que le jour où l'idéal esthético-moral, dans sa lente évolution, arriva à comporter surtout des vertus féminines, l'obéissance, la patience, la résignation, l'humilité, la douceur et la chasteté, toutes vertus qui avaient été de bonne heure provoquées et développées chez la femme par la tyrannie et la jalousie ombrageuse de l'homme. Il est à remarquer, en effet, que ce sont les religions d'origine

1. Voir Letourneau, *op. cit.*, ch. vi, p. 126 sqq.
2. *Lois de Manou*, liv. IX, v. 17.
3. Platon : *Timée*, xiv.

ascétique, le Boudhisme et surtout le Christianisme qui émancipèrent la femme et lui attribuèrent même à certains égards la prééminence sur l'homme, en raison précisément de la conception particulière qu'elles s'étaient faites de l'idéal esthético-moral.

Quoi qu'il en soit, la famille, une fois solidement constituée, devint l'officine merveilleuse où s'élaborèrent, avec une puissance incomparable, tous les sentiments d'ordre sympathique et les vertus correspondantes. Grâce à une cohabitation plus longtemps prolongée, comme il arriva surtout dans les régions où la croissance est moins rapide, l'existence moins facile, et où les rigueurs de la température ne permettent pas en toute saison la vie en plein air, l'amour instinctif de la mère pour ses enfants alla se fortifiant. Grâce à l'accoutumance et en vertu d'une communauté d'existence qui leur apportait les mêmes plaisirs et les mêmes douleurs, les frères se trouvèrent unis à leurs parents, comme aussi les uns aux autres, par une sympathie plus complète et par une solidarité plus étroite que celles qui les unissaient au reste de la tribu. Quant à l'homme lui-même, au chef de la famille, il aima d'abord sa femme et ses enfants de cet amour égoïste et jaloux qu'il avait pour ses armes, pour ses trophées et pour tout ce qui lui appartenait en propre ; il les défendit comme il défendait son bien. Mais, en vertu d'une loi psychologique bien connue, son amour s'exalta et se purifia par la protection même qu'il leur accordait. Il les aima désormais d'une affection véritable et plus désintéressée. « Tout homme sage et bon aime sa femme et en prend soin[1] », dit déjà le vieil Homère ; et l'*Iliade* célèbre en

---

1.   ὅστις ἀνὴρ ἀγαθὸς καὶ ἐχέφρων
         τὴν αὐτοῦ φιλέει καὶ κήδεται.

Iliade, ch. ix, v. 341-42.

termes touchants la tendresse d'Hector pour sa femme
Andromaque et pour son fils Astyanax, comme l'*Odyssée*
celle d'Ulysse pour Pénélope et pour Télémaque. Par
orgueil d'abord, par sympathie véritable ensuite, l'homme
en vint à souffrir des souffrances infligées aux siens, et des
offenses qui leur étaient faites, comme si elles lui eussent
été faites à lui-même. De sa femme et de ses enfants,
cette sympathie s'étendit à la mère qui avait veillé sur
ses premières années, au vieux père dont il avait été le
protégé d'abord, l'auxiliaire ensuite, et dont il était devenu
le protecteur à son tour. Ainsi naquit la pitié, ce sentiment délicat et généreux de la force vis-à-vis de la faiblesse, que les premiers humains semblent avoir totalement ignoré, si l'on en juge par ce qui subsiste encore de
la sauvagerie originelle; la pitié qui fit fléchir devant les
larmes de Véturie la colère et l'orgueil de l'inflexible
Coriolan, et qui arrêta sur le champ de bataille, en face
de leurs filles, de leurs sœurs, de leurs femmes éplorées,
les Romains et les Sabins prêts à s'entre-déchirer. Res-
treinte à l'origine au cercle étroit de la famille, la pitié
s'étendit ensuite progressivement au dehors, aux membres de la tribu et même aux étrangers, en vertu d'un
processus psychologique qu'il est aisé de comprendre. En
tout temps et en tous lieux, en effet, le faible qui veut
toucher le fort, fait instinctivement appel à ses affections
domestiques. C'est ainsi que dans l'*Iliade*, Priam finit par
émouvoir le cœur farouche d'Achille en évoquant le souvenir du vieux Pélée qui doit, lui aussi, pleurer prochai-
nement la mort d'un enfant bien-aimé. C'est ainsi qu'aux
îles Marquises, dans les massacres en masse qui suivent
d'ordinaire la défaite d'une tribu, quelques femmes finis-
sent parfois par trouver grâce auprès des vainqueurs en
les suppliant au nom de leurs épouses et de leurs filles.

D'une manière générale, l'institution de l'esclavage ne fut peut-être pas seulement un résultat de la réflexion et de l'intérêt qui sut ultérieurement en tirer profit; elle fut aussi un triomphe partiel de la pitié naissante qui épargna d'abord les femmes et les enfants.

Les progrès ultérieurs de la pitié, comme ceux des sentiments de l'ordre sympathique en général, tout en se réglant sur le développement de la civilisation et de l'organisation physiologique, furent surtout le fait de l'évolution même de l'élément esthétique. Tant que prédomina dans l'idéal esthético-moral avec le courage physique la force brutale, la pitié ne fut qu'accidentelle, intermittente, momentanée, et la cruauté native, un instant réprimée, reprenait aisément ses droits. Ce même Achille qui vient de verser avec Priam des larmes d'attendrissement au souvenir de son père, ce même Achille qui a laissé fléchir sa colère et son ressentiment devant la douleur et l'infortune du vieux roi, n'hésite pas le lendemain à sacrifier aux mânes de son ami Patrocle douze jeunes Troyens! Mais lorsque la sagesse, résultat de la réflexion naissante et de l'expérience, eut mis un frein à l'impulsivité primitive et modéré les emportements de la force, la pitié grandissante, rencontrant moins d'obstacles, s'exerça d'une manière à la fois plus large et plus continue. Quel progrès accompli, de l'*Iliade* retentissante du fracas des armes et animée d'une fureur meurtrière, à l'*Odyssée* tout imprégnée de cette immense commisération que firent naître dans l'âme des contemporains les malheurs et les souffrances des héros de la grande lutte qui mit aux prises la Grèce avec l'Asie! En voyant des guerriers illustres, des rois couverts de gloire errant misérablement et réduits aux supplications on en vint à proclamer que « les pauvres et les mendiants viennent de Zeus ».

La douceur et la bienveillance, recommandées d'abord au nom même de l'intérêt en un temps où nul n'était sûr du lendemain, comme on le voit particulièrement par les sentences des Gnomiques, conquirent avec la modération une place d'honneur dans l'idéal esthético-moral et, à Athènes du moins, la pitié eut désormais ses autels. Mais de cette pitié souvent capricieuse, sensible surtout aux grandes infortunes qui frappent vivement l'imagination des hommes, de cette bienveillance un peu froide, un peu étroite encore, où subsistait un reste de l'égoïsme originel, à cette pitié sans bornes, universelle, qui compâtit à toutes les souffrances, à cette charité ardente, entièrement désintéressée, avide de soulager la misère, il y avait loin encore. Ce dernier pas ne pouvait être franchi que grâce à l'ascétisme qui détache aussi complètement que possible l'homme de lui-même et tue l'égoïsme dans sa racine. C'est ce qu'a fort bien compris Schopenhauer, l'apôtre de la pitié et après lui Tolstoï qui se fait l'apologiste éloquent et convaincu des pratiques ascétiques et particulièrement du jeûne. « On peut, dit le grand écrivain russe, désirer d'être bon, rêver de faire le bien sans jeûner ; mais en réalité cela est aussi impossible que de marcher sans être debout[1]. » Il y a là peut-être quelque exagération ; mais les adversaires récents de l'ascétisme, et particulièrement Herbert Spencer, en en condamnant avec raison les excès, ont eu le tort d'en méconnaître la valeur propre et le rôle historique. En dehors des principes ascétiques il n'y a guère place que pour une vague bienveillance et pour cette charité bien ordonnée qui commence par soi-même : la doctrine même de l'illustre philosophe anglais en fait foi puisque, comme Jérémie

1. Tolstoï : fragment cité par le *Journal des Débats* du 24 août 1892.

Bentham, cet adversaire déclaré de l'ascétisme, il n'hésite pas à condamner et à proscrire le dévouement, le sacrifice sans compensation au nom d'un sage égoïsme.

En fait les peuples qui n'ont jamais connu les excès de l'ascétisme ne connaissent pas non plus la tendresse de la pitié et la flamme de la charité, comme le prouve l'exemple typique des Chinois utilitaires, doux sans être pitoyables, bienveillants et même bienfaisants sans être charitables. En Chine une certaine cruauté de mœurs voisine sans cesse avec l'aménité réelle des relations sociales et l'on y trouve, à côté d'institutions de bienfaisance dignes d'une civilisation avancée les rigueurs atroces d'une pénalité barbare. Le grand moraliste Confucius qui a si bien compris la beauté souveraine du devoir ne peut concevoir que l'on rende le bien pour le mal. Quelqu'un lui demanda : « Que doit-on penser de celui qui rend bienfaits pour injures ? » et le philosophe de répondre : « Si l'on agit ainsi, avec quoi paiera-t-on les bienfaits eux-mêmes[1] ? » Dans le même sens Hésiode, qui appartient à peu près au même stade de l'évolution morale, écrivait : « Aimer qui nous aime, aider qui nous aide, donner à qui nous donne, non à qui ne nous donne pas[2] » ; et Pittacus : « Ne dites jamais de mal de vos amis, de bien de vos ennemis. »

Au contraire un développement extraordinaire de la pitié et de la charité a toujours suivi l'extension et la généralisation des pratiques ascétiques. Nous en trouvons un premier et remarquable exemple dans l'avènement du Bouddhisme dès longtemps préparé par l'ascétisme brahmanique dont les rigueurs déjà excessives furent encore exagérées. Après avoir vécu des années entières dans le

1. Lun-yu, ch. xiv, Letourneau, op. cit., ch. xiv, p. 302.
2. Les travaux et les jours.

silence et la solitude des forêts, après s'être livré aux
jeûnes et aux mortifications qui tuent la chair et exaltent
l'esprit, Çakya-Mouni vint prêcher la patience, la résignation, l'humilité, le renoncement, le pardon des injures,
l'aumône et la charité ; et ses disciples, formés par les
mêmes pratiques aux mêmes vertus, allèrent porter au
loin chez les nations barbares son Evangile de paix, de
pitié et d'amour. Mais avec le défaut de mesure ordinaire
au génie hindou, le Bouddhisme dépassa le but en embrassant dans son immense pitié et dans son amour sans
bornes avec l'humanité, l'animalité tout entière. Ce fut
un devoir d'épargner les animaux malfaisants eux-mêmes;
ce fut une œuvre pie de racheter au pêcheur les poissons
qu'il vient de prendre pour les rendre à leur élément, et
Bouddha lui-même, d'après une légende significative,
donna son corps en pâture à une tigresse affamée. Cette
exagération même, jointe à la mollesse invincible de la
race et à une tendance constante vers la vie contemplative, empêcha le Bouddhisme de porter tous les fruits
qu'on était en droit d'en attendre, et diminua dans une
large mesure l'importance des services qu'il eût été
capable de rendre à l'humanité : la flamme de la charité,
une première fois allumée, s'éteignit bientôt dans l'obses-
sion engourdissante du Nirvâna.

Avec le Christianisme l'ascétisme atteignit plus complètement le but qu'il avait en partie manqué, en le dépas-
sant, avec le Bouddhisme. On ne saurait mettre sérieuse-
ment en doute les origines ascétiques de la religion
chrétienne. Dans les Evangiles il est dit que Jésus se
retira dans le désert pour y prier et y jeûner pendant
quarante jours ; il ne fit d'ailleurs en cela qu'imiter les
anciens prophètes, les Jérémie, les Elie, les Elysée et Jean,
son précurseur immédiat dont il demanda et reçut le bap-

tême. De tout temps, en Judée, des jeûnes périodiques
étaient prescrits par la loi religieuse, et dans les grandes
calamités publiques le peuple tout entier jeûnait,
et se couvrait de cendres. Vers le temps même où parut
le Christ les pratiques ascétiques étaient devenues
courantes en Syrie, en Egypte, comme dans tout l'Orient,
et avaient commencé à envahir la philosophie. Philon le
Juif, qui naquit à Alexandrie trente ans environ avant
notre ère, recommandait le détachement absolu des
choses d'ici-bas, les macérations et les mortifications,
comme l'unique moyen de libération et de salut. D'Alexandrie les principes ascétiques s'étendirent jusqu'à
Rome, surtout par l'intermédiaire du Pythagorisme
rajeuni qui retrouva au contact de l'Orient, où il avait
vraisemblablement pris naissance, sa force et sa pureté
premières. Ainsi que nous l'avons remarqué déjà, l'Occident d'ailleurs marchait spontanément au-devant de
l'Orient et s'acheminait vers le Christianisme par le Stoïcisme. Il est curieux de voir comment, grâce à la vertu
toute-puissante de l'ascétisme, le rigorisme stoïcien, parti
d'une indifférence hautaine et d'une insensibilité absolue,
s'humanisa progressivement, en arriva d'abord à une
bienveillance encore un peu dédaigneuse, pour aboutir
enfin avec ses derniers représentants et particulièrement
avec Marc-Aurèle à l'amour du genre humain tout entier,
caritas generis humani. Tous les hommes sont désormais
des concitoyens, des parents, des frères qu'il faut aider,
qu'il faut secourir, qu'il faut excuser, qu'il faut aimer
même lorsqu'ils nous font du mal. « Ma patrie, c'est ce
monde tout entier[1] », s'écrie Sénèque. — « Ne sommes-
nous pas tous enfants du même père? Sénateur, chevalier

---

1. « Patria mea totus hic mundus est? » *Lettres à Lucilius,* xxviii.

ou esclave, c'est l'accident, c'est le vêtement pour ainsi dire[1] ». — « Les hommes sont naturellement faits pour s'entr'aider[2] », déclare-t-il encore. « L'homme doit se souvenir, écrit à son tour Marc-Aurèle, que tout être raisonnable est son parent et qu'il est dans la nature de l'homme de chérir ses semblables[3] ». — « C'est le propre d'un homme d'aimer ceux qui nous offensent[4] ». Tout cela est bien voisin du Christianisme, mais cependant ce n'est pas le Christianisme. Le rigorisme stoïcien n'est pas l'ascétisme chrétien : Marc-Aurèle recherche volontiers la solitude et couche sur un lit de planches, mais il ne se retire pas dans le désert pour y coucher sur la terre nue ; il se couvre de vêtements simples et sans ornements, mais il ne revêt pas le cilice ; il se contente de mets vulgaires mais il ne jeûne pas. De même l'amour stoïcien n'est pas la charité chrétienne : l'une vient du cœur, l'autre a surtout son principe dans la raison ; celui-là est plus calme, plus maître de lui-même ; celle-ci est plus active, plus ardente, plus empressée, plus prévenante. On ne se contente plus en effet de tenir la laideur et la pauvreté, la douleur et la maladie, l'opprobre et l'ignominie pour choses indifférentes que l'on accepte avec patience lorsqu'il est nécessaire : on les exalte, on les recherche, on les aime, et en les aimant on chérit aussi les misérables à qui la Providence les envoie comme une faveur insigne et comme un témoignage de sa prédilection. Le progrès réalisé à cet égard par le Christianisme est donc incontestable et il tient surtout, comme il résulte de ce qui

1. *Lettres à Lucilius*, XXXII.
2. « Homo in adjutorium mutuum generatus est ». *De irâ*, liv. I, ch. V.
3. *Pensées*, liv. III, § 4.
4. *Ibid.*, liv. VII, § 12.

précède, au caractère propre de l'idéal esthético-moral que la nouvelle religion vint proposer au monde.

L'ardeur de la charité ne devait plus désormais s'éteindre complètement dans le monde, et c'est le grand honneur du Christianisme d'en avoir entretenu quelques lueurs au milieu des temps les plus troublés et les plus malheureux de notre histoire. Malgré un retour à la cruauté des anciens âges, malgré cette réviviscence momentanée de l'idéal de force brutale et de courage indomptable qui suivit la conquête barbare, les paroles et les exemples du Christ, souvent oubliés et pratiquement méconnus par ceux-là mêmes qui faisaient profession de les enseigner, ne furent point cependant entièrement perdus. Ces paroles éveillèrent un écho, ces exemples suscitèrent çà et là des efforts pour les imiter, surtout chez les âmes que l'ascétisme, soigneusement entretenu, prédisposait aux généreux enthousiasmes. Les préceptes de l'Évangile, sans cesse proposés aux méditations des fidèles, pénétrèrent insensiblement le cœur des individus et les institutions de la société, le progrès constant de la civilisation et de l'organisation physiologique aidant. La *trêve de Dieu* et l'établissement de la *chevalerie*, pitoyable aux humbles, secourable aux faibles, aux femmes et aux enfants, marquèrent les premiers stades de cette longue et obscure évolution de l'élément sympathique qui devait aboutir aux doctrines humanitaires mises en honneur par le XVIIIᵉ siècle et aux théories contemporaines de la solidarité.

En dépit de l'affaiblissement des croyances religieuses qui ont présidé à ses origines et longtemps favorisé son expansion progressive, la charité en se combinant avec le sentiment hétérogène de l'utilité commune, voit ainsi grandir à certains égards sa puissance sous le couvert du vocable prestigieux et dangereusement équivoque de solidarité. Mais en survivant à l'ascétisme qui lui a donné naissance, l'amour se heurte aujourd'hui pratiquement à l'égoïsme qui résulte de la désuétude même où sont tombés les principes ascétiques « en train de disparaître de l'école comme de la vie [1] », en même temps que spécu-lativement il tend à faire échec à la notion de justice telle qu'elle ressort légitimement du nouvel idéal esthético-moral en voie de formation. D'une part la charité, perdant de son ardeur première, se transforme au contact du principe de l'intérêt commun en une vague philanthropie qui parle beaucoup et fait même assez volontiers le bien quand il ne lui en coûte pas grand'chose, mais hésite et recule bientôt devant le sacrifice ; et d'autre part par un effet contraire, dû à l'influence persistante du principe chrétien de la proportionnalité à rebours, elle conduit à confondre les droits de la pitié, qui n'a d'autre règle que la misère, avec les droits de la justice qui doit se mesurer au mérite et à la valeur esthético-morale de l'individu. De là les incertitudes, les incohérences et les contradictions de notre époque auxquelles on ne saurait échapper que par une exacte délimitation des divers éléments de la mora-lité, soigneusement rattachés à leurs origines respectives.

1. Herbert Spencer : *l'Education physique, intellectuelle et morale.* (Paris, F. Alcan.)

CHAPITRE V

CONCLUSION

Nous avons essayé de montrer comment s'est constitu é
par un progrès infiniment lent, entrecoupé d'arrêts, de
régressions et de déviations multiples, dont la plupart
subsistent encore çà et là fixés comme un souvenir vivant
du passé, ce triple idéal de grandeur et de beauté morale,
de justice et d'équité, de pitié, d'amour et de charité qui
s'impose aujourd'hui avec une force variable à la conscience
des peuples civilisés. A cette œuvre commune ont collaboré
inconsciemment des milliers de générations, et avec une
conscience plus claire de leurs efforts et du but à atteindre
ces hommes d'élite dont le génie a su devancer la marche
du temps et qui souvent ont payé de leur vie ou de multiples souffrances la hauteur morale à laquelle ils s'étaient
prématurément élevés :

> Tant dut coûter de peine
> Ce long enfantement de la grandeur *humaine*[1] !

La moralité d'ailleurs n'a rien à perdre à voir ainsi découvrir au grand jour de la science ses humbles origines,
de même que le Nil n'a rien perdu de sa majestueuse
beauté et de sa puissance fécondante le jour où de hardis

---

1. Corneille : *Cinna*.

explorateurs sont parvenus à remonter jusqu'à ses sources
mystérieuses. Est-ce que l'enthousiasme de l'artiste s'affaiblit lorsqu'on lui a montré dans les lois de la réfraction
les causes de la splendeur d'un coucher de soleil? Est-ce
que la passion de l'amant s'éteint lorsque l'analyse lui
a révélé les éléments du Beau et les raisons du charme
qu'il éprouve ? Pourquoi l'idéal éthique verrait-il s'amoin-
drir sa dignité et sa puissance sur les âmes après que la
science en a retrouvé les origines et déterminé la genèse
laborieuse? Après comme avant la grandeur morale s'impose à notre admiration et sollicite invinciblement nos
efforts; après comme avant l'injustice nous choque et
nous indigne parce qu'elle rompt brutalement ces rapports
solidement établis dans notre esprit qui constituent à parler exactement ces ἄγραφοι νόμοι mystérieux, ces lois non
écrites dont parle le poète ; après comme avant la pitié
nous incline et l'amour nous entraîne avec la puissance
irrésistible de l'instinct.

Que faut-il de plus pour expliquer et légitimer la vertu?
Qu'est-il besoin d'invoquer l'attrait d'un Bien absolu,
accessible à l'entendement pur ou la tyrannie d'un *impératif catégorique* inhérent à la raison ? Qu'est-il besoin
de recourir à l'hypothèse de sanctions d'outre-tombe dont
en fait les grandes âmes ont su toujours se passer ?
Socrate et Cicéron, Sénèque et Marc-Aurèle n'ont voulu
voir dans le dogme de la vie future qu'une *belle espérance;*
et les docteurs mêmes du Christianisme, comme apres eux
Kant, le conçoivent comme une satisfaction donnée à
l'idée de justice bien plutôt que comme un stimulant pour
la vertu qui doit en principe se suffire à elle-même. Entre
la réalisation de la perfection à laquelle ils aspirent et la
béatitude qui doit être la récompense de leurs efforts ils
n'hésitent pas un instant. « J'aimerais mieux, dit saint An-

selme, entrer pur et innocent au feu éternel que d'être admis au royaume des cieux avec la souillure du péché.» C'est ainsi que le véritable artiste met au-dessus des richesses, des honneurs et des applaudissements de la foule, la joie suprême de voir l'idéal qu'il a rêvé prendre corps sur la toile ou dans le marbre insensible animé soudain par son génie.

Que faut-il penser cependant de la liberté que beaucoup continuent aujourd'hui encore à placer à la base de l'Ethique comme sa condition nécessaire? Il est bien évident que la moralité, telle que nous l'avons envisagée dans cette étude, ne la comporte en aucune manière; mais est-ce vraiment si grand dommage? Ce n'est pas ici le lieu d'insister sur ce qu'il y a au fond de spéculativement inintelligible dans ce concept du libre arbitre qui s'évanouit bientôt entre les mains de ceux qui le pressent, en ne laissant après lui qu'une liberté d'indifférence entièrement assimilable au hasard et conséquemment sans valeur morale (Bossuet, Reid), ou un inflexible déterminisme (Leibniz). Mais il est aisé de montrer que, quoi que l'on en puisse dire, la pratique même conduit nécessairement à l'exclure. Pourquoi l'homme en effet fait-il le mal? C'est, ou parce qu'il y est naturellement et invinciblement porté, ou parce qu'il ignore le bien ou parce que, tout en connaissant, aimant et voulant le bien, il est incapable de résister aux passions qui l'entraînent,

video meliora proboque
Deteriora sequor ;

ou bien enfin parce qu'il choisit le mal volontairement, délibérément, *librement*. Dans les deux premiers cas la liberté n'a manifestement rien à voir; le troisième cas est tenu par les partisans mêmes du libre arbitre comme un cas non équivoque d'esclavage. Si donc la liberté existe, c'est uniquement dans le quatrième cas, dans le choix volontaire et délibéré du mal qu'il faut la chercher. Mais ce choix volontaire du mal, qu'on le place avec le Spiritualisme dans le monde phénoménal ou avec Kant dans le monde des noumènes, ne saurait s'expliquer que par une certaine perversité originelle que l'auteur de la Critique lui-même est bien obligé de reconnaître sous le nom de *mal radical* (*das radicalbœse*), de telle sorte que ce quatrième cas où devait éclater le triomphe de la liberté se ramène en définitive au premier qui l'exclut.

Mais sans la liberté, dira-t-on, que deviennent le mérite et le démérite, et comment établir la légitimité des récompenses et des châtiments? Le châtiment peut être nécessaire comme moyen de défense sociale, mais il n'est pas juste. Ce sont là des objections qui tombent d'elles-mêmes dès que l'on a dissipé les obscurités et les équivoques sur lesquelles elles reposent, dès que l'on a déterminé comme il convient la signification des termes mérite ou justice. Qu'est-ce en effet que le mérite? Dans un sens très général le mot mérite implique la possession à un degré éminent de quelque qualité naturelle, intellectuelle et même physique; c'est ainsi qu'on dit couramment : un savant de mérite, un artiste de mérite, un écrivain de mérite, un chanteur de mérite, un tireur de mérite, un coureur de mérite. Dans un sens plus particulier, qui tend aujourd'hui à dominer sous l'influence de la conception kantienne de la vertu, le mot mérite s'applique spécialement à la possession de cette qualité par excellence qui est l'énergie du caractère, une force de volonté capable de surmonter les obstacles de l'ordre physique et les difficultés de l'ordre moral; c'est en ce sens que Kant mesure le mérite de l'homme vertueux aux efforts qu'il doit faire pour triompher de ses mauvais penchants. En somme le mérite de l'individu n'est donc autre chose que *sa valeur*, telle qu'elle résulte à chaque instant de la conception que l'on se fait de l'idéal esthético-moral et par conséquent la négation de la liberté, ou plutôt du libre arbitre, ne le détruit en aucune manière.

Quant à la légitimité des châtiments et des récompenses, elle suit naturellement de la genèse même que nous avons assignée à l'idée de justice, puisque d'après son origine cette notion implique nécessairement une certaine proportionnalité entre la valeur esthético-morale de l'individu et le sort qui *doit* lui être fait. Dans le troisième chapitre de cette étude nous nous sommes justement appliqué à mettre en lumière le caractère de *réparation* essentiellement propre à la justice pénale.

Ce ne sont pas seulement les théories du Bien absolu et de l'impératif catégorique qui s'écroulent d'elles-mêmes à l'examen des faits, entraînant avec elles le libre arbitre et la liberté transcendentale qu'elles sont obligées de postuler sans pouvoir les démontrer. La distinction des divers éléments de la moralité et l'exposition génétique de leur développement mettent du même coup en pleine lumière l'insuffisance et l'exclusivisme étroit des différentes tentatives qui ont été faites pour ramener le Bien au Beau ou à la perfection, à la pitié, à la sympathie ou à l'altruisme, au plaisir ou à l'intérêt. Les systèmes fondés sur le Beau ou sur la Perfection méconnaissent la valeur propre de l'élément sympathique qui, nonobstant l'influence incontestable qu'a exercée sur son développement l'évolution même de l'élément esthétique, n'en demeure pas moins distinct en principe et originellement irréductible : né spontanément de l'accoutumance et de la tendance des organismes à se mettre en harmonie les uns avec les autres, il s'est développé séparément et n'a pénétré que lentement et progressivement l'idéal esthéticomoral. D'autre part les doctrines qui reposent sur la pitié, sur la sympathie ou sur l'altruisme ne tiennent aucun compte de l'élément esthétique, dont l'importance est cependant capitale, et faussent dangereusement l'élément rationnel par la confusion à laquelle elles conduisent inévitablement de la justice avec la charité. Quant aux doctrines utilitaires elles ont négligé ce qu'il y a de désintéressé dans l'admiration qui s'est attachée dès le principe au beau moral identifié d'abord avec le beau physique, comme dans cette conception de la proportionnalité qui constitue l'essence même de la justice; et dans leur effort ingénieux pour ramener à l'égoïsme les formes les plus élevées de l'altruisme et de la sympathie, elles n'ont pas su apercevoir le rôle historique de l'ascétisme, par elles injustement condamné. Sans doute il y a un plaisir, plaisir d'ordre esthétique, dans l'admiration que provoque le beau moral et aussi dans l'effort pour le réaliser; il y a un plaisir, plaisir d'ordre logique, dans le respect de la justice; comme il y a un plaisir, plaisir d'ordre sympathique, dans l'obéissance aux injonctions de la pitié et aux ordres de l'amour et jusque dans le dévouement absolu, dans le sacrifice sans compensation. Mais ces différentes formes du plaisir, en quelque sorte désintéressées, doivent être soigneusement distinguées du plaisir proprement égoïste pour éviter les conséquences dangereuses qui ne pourraient manquer de résulter de leur confusion; et c'est seulement à une exposition historique qu'il appartient de montrer comment en fait, dans l'ascétisme par exemple, l'amour-propre s'est progressivement épuré et transformé jusqu'au point de paraître se renoncer à lui-même. D'ailleurs il n'est pas vrai de dire,

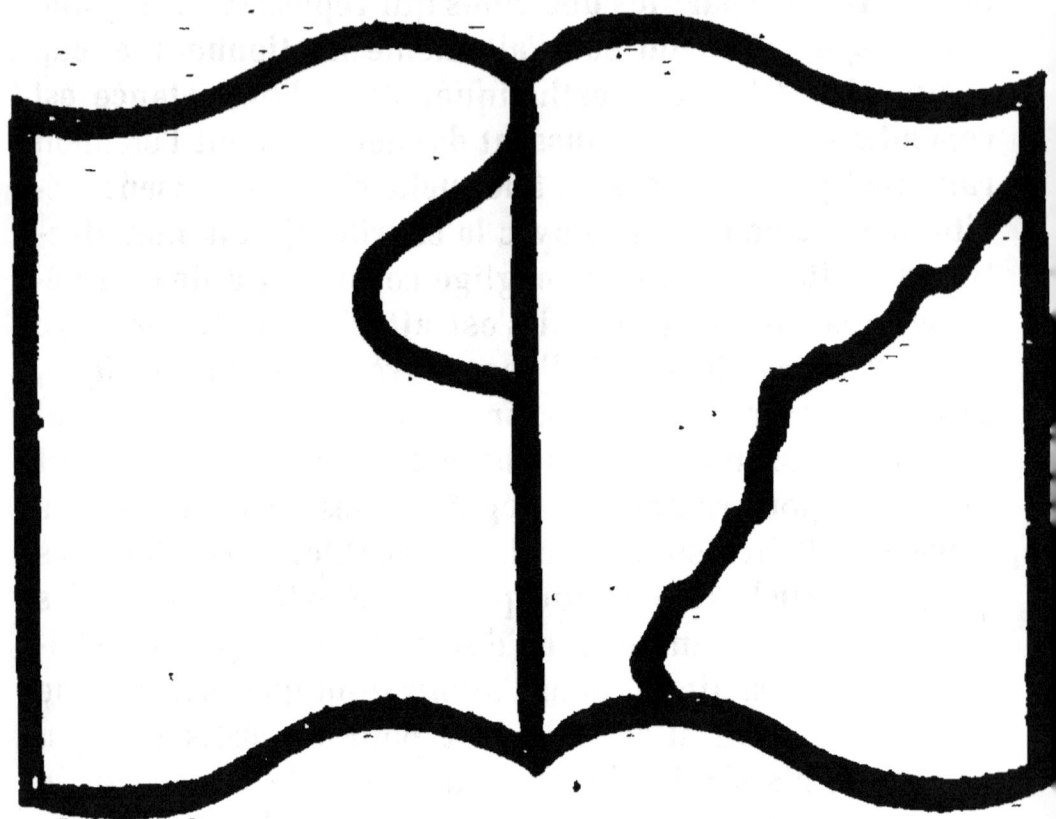

Texte détérioré — reliure défectueuse
NF Z 43-120-11

comme le fait encore Stuart Mill après Bentham et Helvétius, après Epicure et Aristippe de Cyrène, que le plaisir soit le mobile unique de l'activité. La pierre qui roule vers l'abîme n'y est point attirée par le plaisir de la chute; l'oiseau qui fait son nid n'y est point sollicité par le plaisir de la couvée et de l'élevage des petits; le criminel-né qui assassine sans raison n'est point entraîné au meurtre par le plaisir d'un acte dont il a parfois horreur. De même le savant qui s'obstine à la solution d'un problème, l'artiste qui se consume à la poursuite de son idéal, le stoïcien qui « cisèle sa statue » et nargue la douleur, le juge qui brave la mort plutôt que de commettre une iniquité, le philanthrope qui se dévoue au soulagement de la misère, ne sont point sollicités par l'attrait du plaisir; ils peuvent trouver ce plaisir chemin faisant, petit ou grand, en tout cas bien inférieur aux souffrances qu'ils s'imposent, mais ils ne le recherchent pas. Il y a chez eux une force supérieure qui les domine et les entraîne, comme la pesanteur entraîne la pierre, comme l'instinct entraîne l'animal, comme une tendance invincible entraîne malgré lui le criminel-né: cette force supérieure, c'est l'idéal dont nous avons montré l'origine et déterminé la genèse.

Enfin l'exposition génétique des divers éléments de la moralité dévoile les erreurs et dissipe les confusions multiples accumulées, au grand danger de la pratique, par les sociologues et les apôtres politiques de la solidarité. Il ressort en effet nettement de cette exposition que, d'une manière générale et nonobstant les actions et réactions réciproques qui ont pu se produire au cours de l'évolution, le développement de l'élément esthétique a constamment préparé et conditionné le développement de l'élément rationnel qui lui-même a devancé celui de l'élément sympathique. C'est d'ailleurs ce dont on peut se rendre compte aisément d'un simple coup d'œil en considérant les conceptions diverses que les hommes se sont faites successivement de la divinité, en laquelle ils ont à chaque stade de l'évolution concrétisé et réalisé leur idéal. Dieu fut d'abord puissance mystérieuse et fatale (les Orientaux), puis sagesse et conséquemment justice (les Grecs), pour devenir enfin amour et bonté (le Christianisme). Il faut donc reconnaître que si l'amour est en quelque sorte la fleur exquise de la moralité, la justice en constitue la tige et la grandeur morale la racine sans laquelle il ne saurait y avoir ni fleur ni tige. C'est là ce que n'ont pas aperçu tous ceux qui de notre temps ont prétendu fonder la morale individuelle sur la morale sociale et la justice elle-même sur l'amour. Mais on ne renverse pas impunément l'ordre établi par la nature et le châtiment ne se fait pas longtemps attendre. Lorsque l'élément esthétique de la moralité n'a pas été au préalable solidement constitué dans les âmes l'amour est sans force, la pitié demeure stérile et l'égoïsme règne en maître. Vous me parlez d'amour, de concorde et je n'entends que des cris de haine et des revendications menaçantes; vous invoquez un prétendu sens social en voie de formation et je ne vois partout que des égoïsmes qui s'unissent ou s'entrechoquent au gré des circonstances et des besoins du moment. C'est en vain que vous faites appel aux liens qui unissent rationnellement tous les hommes et à l'intérêt supérieur de l'humanité : l'idée de l'intérêt commun ne saurait prévaloir contre les sophismes de l'égoïsme, car, comme le dit Pascal, « notre propre intérêt est un merveilleux instrument pour nous crever les yeux agréablement ». La solidarité n'est plus qu'un vain mot que chacun interprète comme il lui convient: on oublie aisément les devoirs qu'elle impose en s'exagérant les droits qu'elle confère;

on exige du voisin le plus possible en lui donnant le moins que l'on peut. Et d'autre part en s'habituant à trop compter sur les autres on en arrive insensiblement à négliger les multiples ressources que l'on pourrait trouver en soi-même; toujours prêt à crier à l'aide on devient incapable d'effort; le sentiment profond de la valeur personnelle s'affaiblit et la responsabilité individuelle s'évanouit au sein d'une vague responsabilité collective. Que deviennent alors ces qualités de courage et d'énergie, d'endurance et de patience, d'invention et d'initiative qui font la grandeur de l'individu et la force de la société ? Ce serait cependant une erreur de croire que l'humanité puisse désormais s'en passer.

Si l'amour s'éteint, si la grandeur morale s'évanouit, la justice elle-même disparaît sans retour au fond de ce creuset magique où s'élabore la solidarité, cette solidarité qui doit suffire à tout et rendre compte de tout. Comment en effet cette notion de justice qui a son principe et sa règle dans la valeur individuelle subsisterait-elle encore dans une doctrine qui tend manifestement à dénier à l'individu toute valeur propre ? Désormais la société est tout, l'individu n'est rien. On fait de la grandeur intellectuelle et morale comme de la prospérité sociale le patrimoine commun de l'humanité auquel tous ont également droit. Voudrait-on donc affirmer que la race noire et la race blanche que le Polynésien et le Grec, que l'Australien et le Latin ont contribué également au progrès moral ? que Barabas et Jésus, Néron et Epictète, Domitien et Marc-Aurèle, Cartouche et saint Vincent de Paul réflètent au même titre l'idéal de leur temps ? C'est comme si l'on prétendait que la veilleuse à la lueur incertaine et le globe électrique éblouissant contribuent également à dissiper les ténèbres de nos nuits, que le charbon grossier et le diamant le plus pur réfléchissent au même degré les rayons de la lumière. Pourquoi donc attribuer la même part dans le succès comme aussi les même avantages au soldat qui se contente de faire courageusement son devoir et au général dont les combinaisons savantes ont assuré la victoire, voire au lâche qui se dérobe et au brave qui se précipite intrépidement au plus ardent de la mêlée? J'ai bien peur que cette prétendue justice supérieure que l'on nous propose ne soit au fond qu'une suprême iniquité.

Aussi bien les théoriciens de la solidarité qui prétendent établir l'universelle égalité de tous les droits, y compris le droit au bonheur, sont-ils en réalité impuissants à fonder solidement aucun droit. D'où proviennent en effet, suivant eux, les droits prétendus imprescriptibles de l'homme? De la dépendance réciproque où les hommes sont les uns vis-à-vis des autres : cette interdépendance est, déclarent-ils, universelle ; et ces ardents adversaires de la finalité métaphysique, dans leur effort pour mettre en lumière l'utilité sociale des voleurs et des assassins eux-mêmes, recourent à une argumentation fort semblable à celle par laquelle les *cause-finaliers* les plus extravagants cherchaient à légitimer l'existence des animaux malfaisants, des insectes venimeux et des puces. Mais n'insistons pas sur ces exagérations de l'esprit de système. Comment la dépendance mutuelle pourrait-elle donner naissance à des droits réciproques? Si je dépends du cocher qui conduit ma voiture, je dépends autant et plus encore du cheval qui la traîne, car je pourrais la conduire moi-même. Si je dépends du tailleur qui a fait mes vêtements et du tisserand qui en a apprêté le drap, je dépends autant et plus encore de la brebis qui en a fourni la laine, car je pourrais au besoin me contenter de sa toison sans apprêts. Quelle raison y a-t-il donc pour ac-

corder au cocher, au tailleur ou au tisserand des droits
que je refuse au cheval et à la brebis ? — Mais tous les
hommes sont nos frères ! — C'est là un dogme chrétien
que vous invoquez bien malencontreusement, vous les
adversaires du Christianisme. Parenté suspecte en vérité,
dont on n'a pas toujours lieu d'être fier et que l'on serait
en plus d'un cas fortement tenté de renier ! Et d'ailleurs
si tous les hommes sont nos frères, les animaux sont aussi
nos cousins et nous avons souvent de bonnes raisons
pour préférer nos cousins à nos frères. — Mais les hommes sont doués de raison ; les animaux ne le sont pas. —
Vous reconnaissez donc que c'est au fond la valeur intrinsèque de l'individu qui seule lui confère des droits et
que par conséquent des droits égaux supposent une
dignité égale. Mais le terme de raison est singulièrement
équivoque. Ce sont les métaphysiciens, honnis et ridicu-
lisés par vous, qui font de la raison l'essence de l'homme
et l'apanage commun de l'humanité. Il n'y a pas de
raison immanente, universelle, absolue, il n'y a que des
raisons particulières, variables et relatives ; il n'y a pas
d'humanité en soi, il n'y a que des individus parvenus à
des stades très divers de l'évolution et, comme le dit Herbert Spencer : « il y a plus loin d'un Papou à un Newton
que d'un chimpanzé à un Papou ». Il n'y a donc pas non
plus de droit absolu : il n'y a que des droits relatifs et
proportionnels. Le seul fait d'avoir face humaine ne saurait en toute justice conférer des droits ; et en tout cas il
ne saurait y avoir qu'un droit *présomptivement* inhérent
à l'homme, le droit d'acquérir des droits, c'est-à-dire la
liberté que vous êtes justement le plus tentés de lui ravir
au nom de la sacro-sainte solidarité !

II. Mais ne nous attardons pas davantage à la discus-
sion d'une doctrine qui ne peut faire un moment illusion

que grâce au prestige des mots et qui, en dépit de ses
prétentions naturalistes et de son appareil scientifique
est en réalité tout imprégnée de l'erreur chrétienne et de
la chimère métaphysique. Voyez plutôt comme les obscurités de la théorie s'éclaircissent, comme les difficultés et
les incertitudes de la pratique se dissipent lorsque l'on
tient compte, comme il convient, des lois de la nature,

In quibus humanæ res et fortuna sitæ sunt;

lorsque dans la combinaison harmonieuse des divers
éléments de la moralité on s'attache à respecter leur distinction originelle et l'ordre historique de leur développement! La force, le courage, l'énergie intime de l'âme,
avec leur condition naturelle qui est la santé du corps et le
parfait équilibre des fonctions organiques, apparaissent
alors logiquement et chronologiquement comme les
vertus primordiales, fondamentales, comme la seule base
solide sur laquelle puisse s'édifier une moralité vraiment
agissante et efficace. Mais le courage est par lui même
indifférent au bien et au mal et susceptible des pires éga-
rements car, comme le dit justement Descartes, « les plus
grandes âmes sont capables des plus grands vices aussi
bien que des plus grandes vertus [1] » : cette puissance
aveugle a besoin d'être dirigée par la prudence, par la
sagesse pratique qui trouve elle-même son principe supérieur et sa règle dans la science spéculative. La science
éclaire l'intelligence et l'élargit, lui découvre les lois
inflexibles de la nature, lui dévoile l'infinité des choses et
la petitesse de l'homme, lui enseigne la tolérance et la
modestie; la prudence calme les emportements de la
force, tempère l'excès de ses désirs, conduit à la douceur,

1. *Discours de la Méthode*, I, 1.

à la patience et à la modération. Ainsi l'âme atteint cette harmonie, faite de grandeur, d'ordre et de mesure, qui est la beauté morale. Si cette harmonie n'est pas la justice même, comme le voulait Platon, elle en est du moins le principe et la condition suffisante. Comment en effet ne serait-il pas juste, l'homme à la fois énergique et doux, tempérant et éclairé? Par la sagesse il aperçoit nettement ce que Malebranche appelle *les rapports de perfection :* il assigne à chaque être sa valeur propre et conséquemment ses droits; et il conforme naturellement sa conduite aux rapports qui s'imposent logiquement à son esprit, car les obstacles qu'il pourrait trouver dans l'égoïsme sont ou supprimés par la modération même de ses désirs ou aisément surmontés par l'énergie de son courage. Bien plus, grâce au progrès spontané de la sympathie qui ne rencontre plus désormais aucune entrave, l'âme ainsi préparée s'ouvre largement à la pitié et à l'amour ; et dans le développement individuel, comme dans l'évolution spécifique, la douceur la conduit naturellement à la bien-veillance et la bienveillance à la charité : elle tend à sou-lager la souffrance, à répandre autour d'elle la joie et le bonheur. Alors elle entrevoit un idéal plus pur que celui de la solidarité, viciée dans son principe par l'intérêt qui a présidé à ses origines et constamment accompagné son extension progressive. A l'image et au-dessus de cette harmonie qu'elle a su réaliser en elle-même elle conçoit l'harmonie universelle qui l'emporte incomparablement en beauté et en grandeur sur l'harmonie individuelle comme le concert d'innombrables instruments l'emporte sur les accords d'un instrument isolé. Cette harmonie suprême elle tend à la réaliser autant qu'il est en elle, avec toute l'énergie de son courage, avec toutes les lu-mières de sa sagesse, avec toute l'ardeur de son amour.

Sans cesser d'estimer chaque être à sa valeur propre, sans cesser de rendre à chacun ce que la justice exige, elle fait effort pour amender les volontés perverses, pour réconforter et relever les énergies défaillantes, pour éclairer les intelligences grossières, pour élever progressivement l'inférieur au niveau du supérieur, non pour ravaler le supérieur au niveau de l'inférieur.

Mais en s'élevant à la conception de la cité future qu'il appelle de ses vœux et dont il s'efforce autant qu'il est en lui de préparer l'avènement, le sage ne se fait point illusion et n'oublie point les conditions de la réalité : il ne sacrifie point à l'amour la justice, à l'égalité qu'il rêve pour l'avenir la proportionnalité qui pour le moment s'impose. Il sait que l'idéal a dans la chimère son adversaire le plus redoutable et que s'abandonner complaisamment à l'une c'est compromettre la réalisation de l'autre. Dans un état de civilisation imparfaite tel que celui où nous vivons, où tous les stades de l'évolution se trouvent en fait représentés, la société est menacée de rétrograder vers la barbarie, lorsque l'optimisme imprudent d'intellectuels abusés fait consciemment ou inconsciemment appel aux convoitises et aux appétits grossiers des sauvages : peut-être les temps sont proches (Di omen avertant !) où ceux-ci mangeront ceux-là.

En vérité s'il existe encore quelque moyen de préserver la civilisation d'une crise fatale et de permettre à l'humanité de poursuivre sans arrêt, ou plutôt sans régression, l'évolution dès longtemps commencée, c'est seulement dans une éducation forte et vraiment rationnelle des générations nouvelles qu'il convient de le chercher : aujourd'hui plus que jamais « c'est dans le sein de la jeunesse que se réfugient toutes nos espérances effrayées[1] ».

1. Herbart : *Pédagogie générale.* Introd.

Mais pour être rationnelle et partant efficace, l'éducation doit s'inspirer des lois de l'évolution morale et se conformer rigoureusement à l'ordre de la nature : elle ne doit pas s'obstiner, comme elle semble le faire aujourd'hui sous l'influence des théories de la solidarité, à vouloir cueillir la fleur sans avoir semé la graine et cultivé la plante, à vouloir réaliser par l'amour l'harmonie suprême sans avoir développé, comme il convient, le sentiment de la justice et le souci de la perfection individuelle. Elle doit tenir les yeux fixés sur l'idéal péniblement élaboré par les générations innombrables, mais sans rompre avec la tradition d'où il procède, sans faire fi des enseignements que l'histoire lui propose et du fil conducteur qu'elle lui met en main ; elle doit envisager l'avenir mais sans jamais cesser de s'appuyer sur le passé. Comme le dit Herbart avec tant de raison et de profondeur, « le véritable éducateur qui convient à l'enfant c'est la puissance accumulée de tout ce que les hommes ont jamais senti, éprouvé et pensé, de telle sorte que le maître n'est là, simple auxiliaire, que pour l'interpréter avec intelligence et accompagner convenablement le véritable guide[1] ». N'oublions pas que le développement individuel, dans l'ordre intellectuel et moral comme dans l'ordre physique, reproduit en raccourci toutes les phases de l'évolution spécifique. C'est là le principe fécond que l'on commence à appliquer dans l'instruction en substituant, surtout pendant les premières années, à l'enseignement didactique et synthétique l'enseignement intuitif et analytique plus conforme aux lois de la nature. Pourquoi n'en pas étendre l'application à l'éducation esthétique et morale où son intervention s'impose bien plus impérieusement encore ?

1. Id., *ibid.*, § 6.

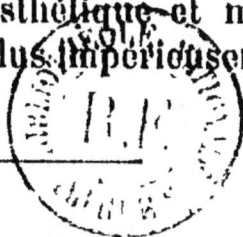

TABLE DES MATIÈRES

EVREUX, IMPRIMERIE DE CHARLES HÉRISSEY

www.ingramcontent.com/pod-product-compliance
Lightning Source LLC
Chambersburg PA
CBHW072032080426

42733CB00010B/1872